LLAUME

de Nassau,

POÈME EN DIX CHANTS,

PAR L. T. SEMET.

Lille:

BRONNER-BAUWENS, ÉDITEUR.

MDCCCXXXII.

GUILLAUME

DE NASSAU.

. . . . il est des temps où vers la Liberté
D'un mouvement soudain le peuple est emporté
C'est alors à ses chefs, qu'il menace d'abattre,
De suivre cet élan, au lieu de le combattre;
D'observer par quel art ils peuvent le régler,
Comment l'État vieilli doit se renouveler,
Et sur quels fondements une main politique
Sait rasseoir, sait fixer la fortune publique.

(BRIFAUT : *Charles de Navarre,* Acte 2, Scène 1re.)

GUILLAUME DE NASSAU

OU

La Fondation des Provinces-Ouies.

POÈME EN DIX CHANTS.

PAR L. T. SEMET.

Lille,

BRONNER-BAUWENS ÉDITEUR.

PARIS. { ABEL LEDOUX, Quai des Augustins.
LEVAVASSEUR, Palais-Royal.
LETELLIER, Rue Traversière-St-Honoré.

1832.

Avertissement

DE

L'ÉDITEUR.

L'accueil qu'a reçu du Public le poème de JEANNE D'ARC * ne pouvait manquer d'encourager le zèle laborieux du jeune auteur dont les Lettres ont dirigé les premières études et qui leur consacre toutes ses veilles.

Aussi sommes-nous à même, en publiant

---

* La nouvelle édition que nous venons de mettre sous presse du poème de JEANNE D'ARC et qui paraîtra le mois prochain, a subi d'importantes améliorations. Elle formera un volume pareil à celui-ci, et se vendra 2 fr.

Quelques exemplaires qui restent encore de l'édition de 1829 et sont ornés d'une litographie de M. Serrur, peuvent s'acquérir au prix de 1 fr. 50

GUILLAUME DE NASSAU, de tenir la promesse que nous avions faite lors de l'impression de JEANNE D'ARC.

Le plan du poème de GUILLAUME a trop de conformité avec celui que s'était tracé Bitaubé, qui a traité en prose le même sujet, pour que le poète ne se fasse pas un devoir de reconnaître les emprunts qu'il a faits au prosateur.

Nous savons que M. Semet rend hautement hommage au premier chantre de GUILLAUME; et la franche modestie de ses aveux nous semble un motif de plus pour que le Public reçoive favorablement le volume que nous lui offrons aujourd'hui.

A. B.

Lille, 27 Avril 1832.

GUILLAUME

DE NASSAU,

POEME.

---◆---

CHANT PREMIER.

---◆---

Je chante le héros dont l'active prudence,
Pour le Belge opprimé, conquit l'indépendance :
Un despote, à la fois orgueilleux et pervers,
Philippe, dont le joug menaçait l'univers,
Aidé du Fanatisme et de la Tyrannie,
Aux efforts de Guillaume opposa son génie ;
Mais Guillaume, entouré des ombres du tombeau,
Sut de la Liberté rallumer le flambeau.

Liberté ! Liberté ! pure et céleste flamme,
D'un seul de tes rayons viens embraser mon ame;

Dévoile à mes regards ta brûlante clarté,
Astre consolateur! Liberté! Liberté!
Viens ; et puissions-nous voir la Licence effrénée
Avec le Despotisme à jamais enchainée ;
Viens ranimer l'éclat de tes feux expirans
Et que le monde apprenne à vaincre ses tyrans.

Philippe gouvernait, et dans ses mains habiles
Tenait le fer et l'or, ces deux puissans mobiles ;
Il savait, employant les dons et les bourreaux,
Séduire en politique et non vaincre en héros ,
Refouler ses chagrins dans son âme profonde,
Et du sein d'un palais faire trembler le monde.
Plus tôt qu'il n'espérait, plus tard qu'il n'eut voulu,
Ce monarque, investi d'un pouvoir absolu,
Impose, comme loi, sa volonté suprême ;
Nul ne porta plus haut l'orgueil du diadême:
Toujours le front paisible et l'esprit agité ,
Opposant aux complots sa froide gravité,
Ame de son conseil comme de son armée ,
D'un souffle il entretient une guerre allumée.
Albe, grand capitaine et soldat courageux,
Qui, né dans l'opulence, eut les combats pour jeux,

Monte sur des débris pour atteindre à la gloire,
Et dans des flots de sang fait germer la victoire.
Des guerriers moins connus, d'Avila, Vitelli,
Qui vendent au tyran leur courage avili,
S'efforcent d'écraser la fière Batavie
Qui, sous un joug d'airain, frémit d'être asservie;
Dans les champs des combats et sur les échafauds
La Mort toujours moissonne et promène sa faulx.
Victime de la force et de la politique
Le Belge peut briser un sceptre despotique,
Si des peuples voisins il n'est abandonné....
Mais la France a pour chef un prince efféminé
Qui tremble, surchargé du poids de sa couronne,
Et par les factions voit ébranler son trône.
Belges, dans vos desseins peut-il vous seconder?
A ses propres sujets il ne peut commander.
Quel contraste! Une femme, honneur de l'An-
　　　gleterre,
Règne, et fait admirer son mâle caractère;
Mais qui peut expliquer les intrigues des cours?
Daignera-t-elle au Belge accorder ses secours
L'adroite Elisabeth, altière souveraine,
Qui, jalouse avant tout de son titre de reine,

Au despote espagnol, que séduit son hymen,
Laisse espérer pourtant et son sceptre et sa main?

Tout rappelle à l'honneur la Belgique opprimée :
Le pays est un camp; chaque ville une armée.
A ce trouble succède une muette horreur.
Albe, dont le nom seul inspire la terreur,
Avec ses bataillons reparaît dans Bruxelle;
Un fer ensanglanté dans ses mains étincelle ;
Que de jeunes héros, par la gloire entrainés,
Au milieu des combats ce fer a moissonnés!
En voyant de Philippe onduler la bannière,
Le Belge croit toucher à son heure dernière;
Que dis-je ? ce mortel fameux par tant d'exploits,
L'amour de son pays, le défenseur des lois,
Nassau, le grand Nassau, que trahit la Victoire,
Des Belges effrayés quitte le territoire.
Nul ne peut découvrir la trace de ses pas ;
Albe répand au loin le bruit de son trépas.
Ce bruit comme un fléau destructeur et rapide
Court, vole.... « Il n'est donc plus ce héros in-
        trépide ,
Celui qui des tyrans abaissait la fierté !

Il descend au cercueil...... avec la Liberté ! •
Et le Rhin attentif, et l'Escaut et la Meuse
Répètent ces sanglots dans leur course écumeuse.
Egmont qui, dans les camps apprit à commander,
Sans remplacer Guillaume, eût pu lui succéder ;
Un cachot le retient ; dans cette nuit profonde
Il attend qu'à sa voix la Liberté réponde.
Hornes, son digne ami, comme lui désarmé,
Dans la même prison se débat enfermé.

Mais Guillaume volait vers les bords de la Loire,
Où Coligny, couvert et de sang et de gloire,
Combattait des ligueurs le chef audacieux,
Ce Guise, ce Lorrain, rebelle au nom des cieux.
Le ciel tenait encor la victoire en balance,
Quand un cri belliqueux jusqu'aux astres s'élance,
Et le jour disparaît sous d'épais tourbillons.
On accourt ; un guerrier, guidant ses bataillons,
Vient du grand Coligny seconder le courage,
Et la Ligue recule en frémissant de rage.
Quel est donc ce héros, par le ciel envoyé,
Qui renverse, en courant, l'ennemi foudroyé ?
Aux regards des Français tout-à-coup se présente

Guillaume, environné d'une foule imposante.
C'est lui - même, il s'approche ; à l'aspect du
     vainqueur
Coligny de plaisir sent palpiter son cœur.
Non, ce n'est point un songe ; ô moments pleins
     de charmes !
C'est Guillaume, c'est lui qu'il baigne de ses
     larmes ;
« Vaincu dans mon pays, je cherche le trépas,
Dit Nassau, vains efforts ! Il fuit devant mes pas.
Et le soleil me luit ! .... A ses clartés funèbres
Ne puis-je de la mort opposer les ténèbres ?
Mais non, le ciel me garde un reste de pitié ;
Je suis heureux ; j'ai pu secourir l'amitié ! »

Cependant, le soleil, au bout de sa carrière,
Franchit de l'horizon l'éclatante barrière ;
Le jour a disparu ; la lune dans les cieux
Promène lentement son char silencieux.
Tout dort ; mais Coligny retiré sous sa tente,
Où brille des flambeaux la lumière flottante,
Aux Belges rassemblés offre un simple repas.
Ce banquet fraternel est pour eux sans appas ;

Le modeste Nassau , l'œil baissé vers la terre ,
Ne peut dissimuler son trouble involontaire ;
« Prince , dit Coligny , nos chevaliers français ,
Tristes de tes revers , heureux de tes succès ,
Demandent que ta voix, confondant l'imposture ,
De tes malheurs passés leur trace la peinture.»

Le héros est debout ; comme le chêne altier
Au-dessus des forêts s'élève tout entier ,
De nuages brillants sa tête, couronnée ,
Arrête les regards de la foule étonnée ;
Ainsi paraît Guillaume, une noble candeur
Relève encore en lui les traits de la grandeur ;
« Braves amis, dit-il , dignes chefs de l'armée ;
Je cède à vos désirs ; souvent la Renommée
A semé dans son cours d'infidèles récits ;
Mais vos doutes par moi seront tous éclaircis.
Le ciel m'a vendu cher ce cruel avantage! ...

De ses pauvres ayeux cultivant l'héritage ,
Le Belge, qu'enrichit le travail de ses mains ,
Paralysa long-temps les efforts des Romains.
Au joug universel contraint de se soumettre ,

Même en obéissant, il ignora son maître ;
Et Rome avait perdu l'ancienne liberté,
Qu'il conservait encor ses lois et sa fierté.
D'aveugles conquérants, les fléaux de la terre,
N'ont point détruit en nous ce sacré caractère ;
Quand Charles-Quint paraît ! jaloux de notre amour
Dans les murs de Bruxelle il transporte sa cour,
Et, fier dévastateur de vingt cités en cendre,
De son char triomphal il se plaît à descendre.
Il sait que, comme lui, ses sujets ont leurs droits ;
Que le bonheur du peuple est la gloire des rois.

Mais le bruit se répand que Charles-Quint aspire,
Au faîte du pouvoir, à quitter son empire.
Je me rends au palais ; Charle est sourd à mes
                    vœux :
« La vieillesse, dit-il, a blanchi mes cheveux ;
Loin d'un bruyant éclat, paisible et solitaire
J'ensevelis mes jours au fond d'un monastère.
La royauté me pèse, et de puissants rivaux
Dévorent en espoir le fruit de mes travaux.
O Philippe ! ô mon fils ! je t'ouvre la barrière ;
En marchant sur mes pas, achève ta carrière ;

A de plus jeunes mains je laisse mes drapeaux ;
Je renonce à la gloire, et cherche le repos.
Trop heureux si je puis, en quittant la couronne,
Quitter le noir chagrin qui toujours l'environne! »
Je me jette à ses pieds, j'embrasse ses genoux :
» Quoi! rompre le lien qui vous attache à nous! »
Charles montra toujours un cœur grand et sensible;
Il pleure, il s'attendrit; mais il est inflexible.

Aux peuples, qu'il chérit d'un amour paternel,
Il voulut adresser un adieu solemnel ;
Des sujets et des grands la foule est convoquée ;
Tous volent inquiets vers l'enceinte indiquée.
Bientôt Charle et son fils apparaissent; tous deux
Imposent au sénat qui se presse autour d'eux ;
Le vieux prince, appuyé sur son fils jeune encore,
De la pourpre royale en pleurant le décore :
« J'abdique, lui dit-il, trop heureux de te voir
Sur les bases des lois affermir ton pouvoir.
Rassasié d'honneurs, près de quitter la vie,
J'ai voulu désarmer et la haine et l'envie.
Accueille avec bonté ces chevaliers chrétiens,
D'un état florissant les plus fermes soutiens ;

Sans eux, tout dépérit; avec eux, tout prospère. »
Philippe,à ce discours,tombe aux pieds de son père;
Son silence trahit ses secrètes douleurs,
Et le peuple répond par des cris et des pleurs.
« Mon fils, dit Charles-Quint, promets à la patrie
De la servir toujours avec idolatrie ;
Jure, qu'affermissant l'autorité des rois,
Tu sauras de ton peuple éterniser les droits ;
Prends à témoin, mon fils, et les cieux et la terre ;
Dieu même de ta foi sera dépositaire ».
Etouffant dans son cœur un noir ressentiment,
Philippe en dédaigneux prononce le serment.
Pour la dernière fois Charle au peuple s'adresse,
Il semble avec ses pleurs épancher sa tendresse ;
Les larmes, les sanglots, les cris ont redoublé,
Et bientôt dans mes bras il retombe accablé,
Mais Philippe en conçoit une secrète rage ;
Son père triomphait ; ce triomphe l'outrage.
Charles-Quint cependant va quitter nos remparts;
Il m'appelle, j'y vole « Adieu, dit-il, je pars ; »
Il m'arrose de pleurs, sur son cœur il me serre :
« Adieu, dit-il encore, ami rare et sincère! »
Puis, tourné vers son fils: « en souvenir de moi

Réserve pour Nassau ton amour et ta foi. »
Déposant sa couronne, et son sceptre et ses armes,
Il part! ..... Ce souvenir m'arrache encor des
  larmes !

Tel fut cet empereur qu'un peuple idolâtrait ;
Mais faut-il de son fils vous tracer le portrait ?
Hélas ! enorgueilli d'une illustre naissance ,
Philippe à notre amour préféra sa puissance ;
Que n'a-t-il de son père imité la vertu !
Guillaume contre lui n'aurait point combattu,
Et de Charle éclipsé, noble et vivante image,
Philippe aurait encor des droits à notre hommage.

D'abord, il mit un frein à son caprice altier
Mais bientôt son orgueil se montra tout entier.

Il est des nations qui s'endorment paisibles
Sous le joug accablant de tyrans invisibles ;
Mais le Belge, plus fier, veut un roi sans détour,
Chéri de ses sujets qu'il chérisse à son tour ;
Un bon roi , repoussant les lances meurtrières,
Entre son peuple et lui ne met point de barrières.

Sous le sceptre des lois bien loin de se courber,
Philippe à nos clameurs prétend se dérober ;
Vers les murs de Madrid et loin de son armée
Il fuit ; de son départ la nouvelle est semée.
On s'applaudit ; bientôt on voit régner sa sœur ;
Mais, hélas ! du pouvoir injuste possesseur
Granvelle, décoré de la pourpre romaine,
Exerce au nom du ciel sa fureur inhumaine.
Le zèle dont il brûle est un feu destructeur ;
D'un Dieu persécuté prêtre persécuteur
Granvelle, comme un crime abhorrant l'in-
        dulgence,
Aiguise saintement le fer de la vengeance.
Fier devant les sujets, souple devant le roi,
Cet esclave oppresseur gouverne par l'effroi.
Voilà le digne chef dont les mains souveraines
Du royaume en secret ont dirigé les rênes.
De l'inquisition le sanglant tribunal,
Horrible monument de son zèle infernal,
S'élève, et la terreur circule dans nos villes ;
Un orgueilleux ramas de ministres serviles
Du geste et du regard désignent les proscrits,
Et dans des flots de sang on étouffe leurs cris.

Avouez-le, Français, de cette tyrannie
Pouvions-nous plus long-temps souffrir l'igno-
    minie?
Au sein de mon palais mes amis assemblés
Vont discuter nos droits. Hornes, les yeux troublés,
La menace à la bouche et pâlissant de rage :
« Dans quel repos honteux s'endort notre courage!
Guerriers, le Despotisme, un instant retenu,
Au comble des horreurs n'est-il point parvenu?
Quoi donc ! attendrons-nous , quand Philippe
    menace,
Qu'il ait d'un peuple libre anéanti la trace ?
Sortez enfin , sortez d'une molle langueur;
De vos bras engourdis réveillez la vigueur;
Doutez-vous du succès? nous avons en partage
Des hommes et du fer! en faut-il davantage?
Las d'attendre de nous l'exemple du devoir
Le peuple nous le donne, il le faut recevoir.
Guerre avec les tyrans; leur dernier jour se
    lève! ...... »

Il disait, et sa main se portait sur son glaive.
A cette voix tonnante, à ces accens vainqueurs,

Un noble enthousiasme électrise les cœurs ;
Mais d'un peuple affranchi l'extrême effervescence
Après le despotisme enfante la licence :
« Citoyens, m'écriai-je, ah ! calmez ce transport!
Le vaisseau de l'état peut se briser au port.
Valeureux, mais prudent, même au sein de l'orage,
Je craindrais d'obéir à mon bouillant courage.
N'allons point des tyrans imiter les excès !
Voulez-vous obtenir de rapides succès ?
La sage fermeté surtout est nécessaire.
Sans briser ses liens souvent on les resserre.... »
Hornes, toujours fougueux, répond : « peuple énervé,
Ce que j'avais prédit n'est-il point arrivé ?
Pour servir de son roi l'aveugle tyrannie
Albe, du premier rang brigue l'ignominie ;
Oui, quelques mois encor, nos temples embrasés
S'écroulent pour jamais sur les autels brisés.
Ah ! si les trois pasteurs des vallons helvétiques
Ont soustrait leur pays à des lois despotiques,
Imitons aujourd'hui leur courage indompté ;
Que nos derniers soupirs soient pour la Liberté.
Que dis-je ? espérons mieux ; oui, le Belge qu'on
       brave,

Le Belge a des tyrans, mais il n'est point esclave;
Car il peut s'affranchir. Nous, bravons sans terreur
Des bourreaux couronnés l'impuissante fureur. »

« Ami, lui dis-je alors, l'auguste Germanie
Doit lutter avec nous contre la tyrannie;
Embrassons cet espoir; vers le peuple germain
Il faut, et sans tarder, me frayer un chemin.
En ces tristes moments si je vous abandonne,
Le salut de l'état, le ciel, tout me l'ordonne! »
Et ces braves guerriers invoquant l'Éternel,
Prononcent avec moi ce serment solemnel :
« Toi, qui de l'univers entretiens l'équilibre,
Destructeur des tyrans, appui du peuple libre,
Seul monarque absolu des peuples et des rois,
Nous jurons à tes pieds de défendre nos droits;
Daigne, ô Dieu des combats, guider notre
    vaillance! »

Chacun de mes amis entre mes bras s'élance;
Ils me pressent, et moi, m'arrachant de leur sein,
Je brûle d'accomplir mon généreux dessein.

CHANT DEUXIÈME.

JE fuyais, revêtu d'une armure guerrière,
Quand mon fils à ma suite oppose sa prière ;
Les yeux baignés de pleurs trop long-temps retenus
Mon jeune fils accourt : « Vos projets sont connus,
Dit-il, mais bannissez un effroi qui m'outrage,
Souvent un jeune cœur renferme un grand
        courage.
Je sais que je n'ai point, à la fleur de mes ans,
Un maintien belliqueux ni des traits imposants ;
Ouvrez-moi des combats la carrière éclatante,
Mon père, laissez-moi surpasser votre attente ;
La gloire me sourit ; en marchant sur vos pas,

Certain de triompher, je brave le trépas. »
Viens, lui dis-je, vaincu par sa noble assurance,
Ta précoce valeur comble mon espérance ;
Viens combattre, mon fils, et puisse le succès
Couronner quelque jour tes glorieux essais !
Du nombre des vivans si le destin m'enlève,
Maurice, entre tes mains je remettrai mon glaive ;
Seul, tu dois après-moi le porter dignement. »
Aldegonde, à mes yeux, paraît en ce moment :
« Rassure, s'il se peut, nos provinces fidèles,
Lui dis-je ; sans tarder cours, vole au milieu d'elles ;
Va, dis que leur salut m'est plus cher que mes
　　　　jours :
Guillaume, en vous quittant, vous protège toujours.
Que Hornes, pour venger notre commun outrage,
Vienne suivi d'Egmont seconder mon courage. »

Nous partons ; cependant de nombreux potentats
Dans les remparts de Dresde assemblent leurs états.
J'arrive : « Défenseurs de ces riches provinces,
Indomptable cité, république de princes,
Je ne viens point pour moi réclamer vos égards ;
Sur mon peuple asservi détournez vos regards.

Comme dans vos forêts deux chênes séculaires
Mêlent, en s'appuyant, leurs rameaux tutélaires,
Ainsi la terre a vu nos deux peuples amis,
Superbes, s'élever l'un par l'autre affermis.
Vengez donc avec nous les lois et la justice ;
Un tyran, ébloui de sa grandeur factice,
A des meurtres nouveaux par le meurtre excité,
Veut étendre son joug sur votre liberté.
Craignez tout d'un vainqueur que nul forfait
        n'arrête ;
Il menace vos fronts en menaçant ma tête ».
Ces mortels, généreux, touchés de mon discours,
A mes vastes desseins promettent leurs secours.

Déjà d'un prompt succès mon courage se vante ;
Quand les bras étendus, et glacé d'épouvante,
Aldegonde revient et me parle en ces mots :
« De nos concitoyens le ciel comble les maux ;
Le marteau destructeur brise l'auguste enceinte
Où retentit la voix de la Liberté sainte ;
Bréderode est tombé sous des coups inhumains ;
Des cachots en tous lieux sont creusés par nos
        mains ;

De Hornes et d'Egmont la valeur enchaînée,
En pliant sous les fers, maudit la destinée;
Tout est perdu!... » Ces mots à peine ont retenti,
Pour la première fois je reste anéanti.
Faut-il vous retracer une odieuse histoire
Dont je voudrais moi-même écarter la mémoire ?
De jeunes citoyens, de braves vétérans
Pour voler à mon aide, avaient formé leurs rangs;
Egmont sur son ami jette un regard sinistre :
« Du fils de Charles-Quint l'implacable ministre
Nous mande près de lui; j'y vole sans tarder ;
Fuis avec nos soldats......— Qu'oses-tu demander ?
Lui répond son ami, le danger nous rassemble ;
Au palais du tyran nous marcherons ensemble. »
Egmont lui résistait; ô surprise ! ô douleurs !
Sabine son épouse accourt les yeux en pleurs.
Son jeune fils, à peine échappé de l'enfance,
Repose entre ses bras, plaintif et sans défense.
Elle accourt, elle tombe aux genoux du héros :
« Egmont, pourquoi braver le glaive des bourreaux?
Epouse malheureuse et mère infortunée
Dois-je, loin d'un époux, gémir abandonnée?
Ah ! veux-tu que ton fils puisse te succéder ?

C'est à toi de l'instruire, à toi de le guider.
Cher Egmont, jusqu'au bout que ton bras nous
       soutienne ;
Crois-tu que notre mort ne suive point la tienne ?
Aux jours de ton bonheur, près de toi je me plus ;
Tes périls sont les miens ; je ne te quitte plus ! »
Pour rompre de ses bras la flexible barrière
Vainement le héros se rejette en arrière ;
La nature l'emporte, et par un prompt retour,
Sur le fils , sur la mère il pleure tour-à-tour ;
Hornes s'attendrissait à ce touchant spectacle.
« Sabine, à mon projet n'oppose plus d'obstacle,
Dit Egmont, vois ton fils et souris à ses jeux ;
Albe chérit l'honneur , puisqu'il est courageux.
Que peux-tu redouter ? Va , bientôt, sans alarmes,
Tu reverras l'époux qui fait couler tes larmes. »
D'une molle pitié tout prêt à s'affranchir
Egmont baise son fils ; il tremble, il va fléchir ;
Mais bientôt triomphant de sa douleur amère
Il fuit, et le remet dans les bras de sa mère.

Ministre du tyran , Vargas, dans son palais ,
Attend les deux amis; ils partent sans délais;

Avec le brave Egmont Hornes s'avance, il entre !
Mais Vargas, comme un tigre échappé de son antre,
Accourt vers les héros , à ses regards offerts ,
Et commande à grands cris qu'on les charge de fers.
A peine l'un et l'autre ont tiré leurs épées
Que d'un effroi commun les cohortes frappées
Reculent ; mais Vargas ranimant leur fureur :
« Où fuyez-vous, amis ? et quelle est votre erreur ?
Egmont s'offre à vos coups ; frappez , Albe
        l'ordonne ;
Quoi ! sûrs de triompher, l'espoir vous abandonne! »
Les guerriers à ces mots forment leurs rangs pressés,
Et s'avancent deux fois , deux fois sont repoussés.
Hornes enfin chancelle et tombe sous le glaive ,
Lutte d'un bras , de l'autre à demi se soulève :
« Albe, criait Egmont, que sert de te cacher ?
A quel asyle obscur faudra-t-il t'arracher ?
Viens donc, contre ce fer viens essayer ta lance;
Tu ne me réponds point ; j'ai compris ton silence. »
Inutiles clameurs ! les soldats inhumains
Lui brisent son épée et garottent ses mains ;
Et le courage cède à l'injuste puissance ;
Au séjour des forfaits on traîne l'innocence !.....

Ainsi parle Guillaume en répandant des pleurs ;
Il voudrait en son âme étouffer ses douleurs :
« Pourquoi, dit Coligny, nous cacher vos alarmes?
Pour les mortels souffrants les pleurs ont tant de
        charmes !
Mais daignez, s'il se peut, poursuivre vos discours,
Et de vos longs périls nous retracer le cours. »

Suivi de mes soldats, sur la rive écumeuse
Que de ses flots bruyants fait retentir la Meuse,
J'arrête; Albe, qui veut effrayer mes regards,
Déroule à l'autre bord ses brillants étendards.
L'astre pâle des nuits, poursuivant sa carrière,
Brise en mille reflets sa tremblante lumière;
Mes guerriers à ma voix s'élancent, et leurs rangs
Marchent au sein des flots grossis par les torrents.
A peine Albe incertain conçoit notre courage :
« Fuyez, nous criait-il, en frémissant de rage,
C'est à vous d'obéir; fuyez; n'imprimez pas
Sur ce terrain conquis la trace de vos pas. »
Pour moi, les yeux tournés vers mes braves co-
        hortes :
« Le Belge impatient va nous ouvrir ses portes;

La Meuse sous nos bras courbe ses flots soumis;
Marchons, il faut encor dompter nos ennemis. »
A travers mille morts je m'avance et j'arrive ;
De nombreux bataillons m'attendent sur la rive ;
Vingt canons à la fois vomissent des éclairs,
Et le boulet frémit en déchirant les airs.
Enfin nous l'emportons ; la Meuse ensanglantée
Traîne les corps meurtris et roule épouvantée.

La nuit fait place au jour ; quand, à mes yeux
                    charmés,
S'avance un corps nombreux de Bataves armés,
Boisot, Lumey, Saunoy, célèbres dans l'histoire ;
Et Douza, qui sait vaincre et chanter la victoire.
L'un réclame son fils, l'autre un père chéri,
Un frère, un citoyen qui naguère ont péri ;
Mais la Belgique en deuil, cette mère commune,
Les alarme encor plus que leur propre infortune.
Je vole dans leurs bras, et prompt à m'affliger
Du poids de leur chagrin je les veux soulager.

Mais un cri frappe l'air ; la poudre tourbillonne ;
C'est Albe qui conduit sa puissante colonne.

« Germains que j'ai vus fuir, expiez vos affronts ,
M'écriai-je, et la honte a fait rougir leurs fronts ;
Pour vous , braves amis, qui méprisez la vie,
Combattez pour l'honneur et pour la Batavie;
Meuse, si l'un de nous revenait sur ses pas
Puisse-t-il dans tes flots rencontrer le trépas! »

Albe, qui des Germains craignait peu la vaillance,
Sur ces faibles guerriers au même instant s'élance;
C'est alors que la guerre étale son horreur ;
Mon coursier, qui semblait partager ma fureur,
Se cabre , tombe aux pieds de mes compagnons
         d'armes ,
Et ma chute est pour eux le signal des alarmes.

Je m'éloigne au hasard, pâle, couvert de sang ,
Et las enfin d'errer, je tombe en gémissant.
La nuit couvrait les cieux ; dans la forêt prochaine
Je rencontre un abri sous le creux d'un vieux chêne,
Seul avec mes chagrins, j'enviais le bonheur
De ces braves soldats tombés au champ d'honneur.
« Au Batave opprimé l'espérance est ravie,
Disais-je, dans l'opprobre il faut traîner ma vie;

3

Puis-je enflammer encor le Germain refroidi,
Et réveiller l'état sous sa chaîne engourdi ?
Non, que la Liberté cède à la Tyrannie,
Mais ne survivons point à cette ignominie ! »
Et ce bras furieux tournait contre mon sein
Le glaive préparé pour un autre dessein.
« Sous les débris des lois Guillaume expire et tombe;
O chêne hospitalier! c'en est fait, sois ma tombe;
Dérobe ma dépouille aux oiseaux dévorants,
Aux monstres de ces bois, surtout à nos tyrans.
Et toi, jeune Maurice, et toi, chère patrie,
Naguère florissante et maintenant flétrie,
Adieu! ce noble fer va trancher mon destin. »
Tout-à-coup j'aperçois, aux lueurs du matin,
Un jeune homme, couvert d'une armure guerrière.
Il approche, me voit, se rejette en arrière,
Approche encor, s'éloigne et revient à grands pas.
« Imprudent, quel es-tu? parle, et n'avance pas! »
Lui dis-je; et le guerrier me regarde en silence.
Tout mon corps a frémi; dans ses bras je m'élance:
« Cher Maurice! grand Dieu! je t'arrachais le jour;
Mais que viens-tu chercher en ce triste séjour?
— Le ciel, dit-il, m'annonce un destin plus prospère;

Que puis-je craindre encor? j'ai retrouvé mon père!»
Et près d'un malheureux oubliant ses malheurs
Mon fils, mon tendre fils, sourit les yeux en pleurs.

Sur ses pas s'avançait son escorte fidèle,
Qui m'entoure à grands cris ; et, seul au milieu
       d'elle ,
J'apprends qu'Albe vainqueur, marche et fait tout
       trembler ;
Que cet adroit tyran, pour mieux vous accabler,
Détache contre vous une troupe nombreuse :
« Quittons , braves amis, la forêt ténébreuse ;
L'honneur chez les Français nous appelle ; je cours,
Même en les secourant, implorer leurs secours. »

Près de voler aux lieux où le destin m'exile :
« Salut, arbre chéri , qui m'as servi d'asile,
M'écriai-je ; tes bras sans cesse renaissants
Braveront la tempête et l'outrage des ans. »
Maurice avec transport baise un tronc insensible,
L'arrose de ses pleurs, et d'un rameau flexible
Ornant son jeune front , sous les drapeaux français
Il accourt avec nous partager vos succès.

Ainsi Guillaume inspire un intérêt si tendre
Qu'après ses longs récits on croit encor l'entendre ;
Mais l'aurore montait sur l'horizon vermeil ;
Et chacun s'abandonne aux douceurs du sommeil.

CHANT TROISIÈME.

Il est un beau climat favorisé des cieux ,
Où les Alpes, levant leur front audacieux,
Des vainqueurs de Gesler dominent la contrée
Et semblent aux mortels en défendre l'entrée.
Dans leurs vastes circuits mille fleuves fameux
Font retentir les champs de leurs flots écumeux.
Sur un lit de gazon, ici, l'onde arrêtée
Offre aux yeux éblouis une nappe argentée ,
Là, roulant à grand bruit, des torrents vagabonds
De rochers en rochers précipitent leurs bonds.

Au sommet du Morgat l'œil étonné contemple

Le dôme et le parvis d'un magnifique temple ;
Point de lambris dorés , de marbres somptueux ;
Là , s'élève un autel simple et majestueux.
Sans le secours de l'Art les mains de la Nature
En formèrent jadis la noble architecture ;
Ce temple, couronné des feux brûlants du jour,
Est de la Liberté le plus digne séjour.

Cette vierge , l'effroi du pouvoir tyrannique ,
Préférant à la pourpre une simple tunique,
Riche de ses attraits, belle sans ornements,
Fait palpiter les cœurs de ses chastes amants.
Sa noire chevelure, élégamment flottante,
Relève de son sein la blancheur éclatante ;
L'audace dans ses yeux s'unit à la pudeur.
Elle parle ; enflammé d'une nouvelle ardeur,
Pour dompter ses tyrans l'esclave rompt sa chaîne.
Le glaive en main , le front ceint d'un rameau de
                    chêne,
Elle armait Thrasybule , et guidait les soldats
Du vaillant Thémistocle et de Léonidas.
On la vit protéger, sur les bords helvétiques,
De Tell et de Melctal les cohortes rustiques ;

Des fiers Autrichiens les nombreux bataillons
Mordirent sous ses coups la poudre des sillons,
Et sa flamme embrasait dans Rome ou dans Athènes
Le brillant Cicéron, le nerveux Démosthènes.
Des peuples modérés elle affermit les droits,
Et sur le trône encor s'assied auprès des rois.

Aux jours de sa grandeur la Grèce la vit naître,
A des signes certains on peut la reconnaître ;
Mais d'ou vient qu'aujourd'hui de timides mortels
N'approchent qu'en tremblant de ses divins autels ?
Monarques ! revenez d'un erreur passagère ;
La Liberté n'est point cette affreuse mégère
Qui, sur un vain soupçon toujours prête à sévir,
Affranchit les états pour les mieux asservir ;
Mais cette déité dont l'auguste puissance
Abat le despotisme, enchaîne la licence,
Protège les vertus, distingue les emplois,
Et maintient les sujets sous le niveau des lois.

Dans ces riants vallons qu'embellit son empire
Elle semble épurer l'air même qu'on respire ;
Le printemps y fleurit au milieu des hivers,

Et sur les monts blanchis croissent des arbres verts,
Voyez le vieux pasteur suivre ses brebis lentes,
Son jeune enfant, guider les chèvres pétulantes,
Le rapide chamois bondir sur les glaçons,
Et l'oiseau voltiger au sommet des buissons.
Admirez ces coteaux que la vigne tapisse,
Ces chalets suspendus au bord du précipice,
L'agile moissonneur armé d'un fer tranchant
Et les bœufs attelés qui soufflent en marchant.
L'aigle altier, se frayant des routes inconnues,
Plane, s'élève encore et se perd dans les nues;
Puis descend sur les rocs, s'agite, et des frimas
Ébranle et fait crouler le monstrueux amas.
Regardez de ces fleurs la riante peinture,
Ces énormes glaciers, ces lieux où la nature
Vous charme, vous effraie, et semble d'un côté
Étaler ses horreurs, de l'autre sa beauté.

Paisible Helvétien ! coule des jours prospères,
Et cultive les champs cultivés par tes pères.
Dès l'enfance endurci, de ton bras courageux
Tu fais voler la mort ; les périls sont tes jeux.
Tu choisis pour demeure une grotte sauvage,

Les fruits pour aliments et l'onde pour breuvage.

O peuples, tour-à-tour villageois et guerriers,
Les épis sur vos fronts s'unissent aux lauriers !
De l'état menacé quand la voix vous appelle ,
Vous marchez aux combats pour venger sa querelle;
Un casque est votre armure, et le soc arrondi
Sous les pesants marteaux en glaive s'est roidi ,
Et la Victoire en deuil rougit d'un sang vulgaire
Ces champs que vos sueurs ont arrosés naguère.
On ne voit point, chez vous, aux riches inhumains
L'indigent rebuté tendre ses faibles mains ;
On n'y voit point les grands, pleins de projets futiles,
Acheter à prix d'or l'honneur d'être inutiles ;
L'intérêt du pays est votre unique but,
Et tous de leurs travaux lui doivent le tribut.

O vous, dont la Fortune a doré les entraves,
Serviles oppresseurs, ambitieux esclaves !
Gardez-vous de flétrir la noble pauvreté :
Il n'est point de bonheur loin de la Liberté.

La Vierge, saisissant et son casque et sa lance,

Sur ses ailes de feu mollement se balance,
Embrasse d'un coup d'œil tous les peuples divers
Qui rampent fièrement sur ce bas univers;
Elle voit sous ses pieds la féconde Nature
Des plus riches trésors étaler la peinture;
Elle-même, planant sous la voute des cieux,
Fait pleuvoir à longs flots des fruits délicieux.

Albe, dans ses décrets veut prévenir l'histoire,
Et par un monument consacrer sa victoire.
On voyait le tyran, tout fier de ses exploits,
Poser un pied d'airain sur les débris des lois,
Et saisissant d'un bras son glaive sanguinaire,
De l'autre sur le Belge étendre le tonnerre.
Tandis que de Nassau le superbe vainqueur
A d'aveugles transports abandonnait son cœur,
La Liberté s'arrête, et du céleste empire
Laisse tomber ces mots : « Belges, Nassau respire! »

Mais bientôt vers ces bords incessamment baignés
Par les flots de la mer qui grondent indignés,
La Vierge de Morgat, que la vengeance anime,
S'élance..... Barnevelt, citoyen magnanime,

Attendait que les cieux couverts d'un voile épais
Rendissent aux tyrans ses desseins moins suspects.
Il s'embarque ; un prodige à ses yeux se révèle ;
Semblable aux feux errants d'une étoile nouvelle,
Qui du jour dans la nuit prolongeait la clarté,
Aux yeux de Barnevelt brille la Liberté.
Elle vole et sourit au vieillard intrépide,
Qui l'observe et la suit dans sa course rapide.

Guillaume cependant, par mille soins troublé,
Du poids de ses malheurs gémissait accablé,
Quand Miramont, chargé d'un important message,
A travers les soldats se frayant un passage,
S'approche du héros. Par ses discours adroits
Du lâche despotisme il vient plaider les droits.
Son visage est serein, sa paupière baissée,
Et jamais un coup-d'œil n'a trahi sa pensée.
De moments en moments sur Guillaume attentif
Le perfide orateur lance un regard furtif :
« Sage héros, dit-il, ta haute renommée
Même par ton rival est déjà confirmée ;
Frappés de ta valeur, touchés de ta vertu,
A regret contre toi nous avons combattu.

On t'a ravi tes biens; Albe seul en est maître;
Mais aux lois d'un traité consens à te soumettre,
Tes biens te sont rendus; vois ton peuple ignoré
Qui cache dans la poudre un front déshonoré !
Que d'autres alliés s'arment pour ta querelle,
Qu'ils soient prêts à combattre, à s'immoler pour
       elle ;
Comment les réunir, dis-moi? par quel secours
A ces nombreux ruisseaux donner un même cours ?
Enfin, de tes amis tu vois s'ouvrir la tombe ;
Le glaive est suspendu, redoute qu'il ne tombe.
— Esclave, dit Nassau, garde-toi de braver
Un peuple généreux prompt à se soulever.
Pour imposer silence à ta bouche hardie
Je devrais, imitant ta lâche perfidie,
Au fond d'un noir cachot..... mais cesse de pâlir.
Jusqu'à trahir ma foi je ne puis m'avilir.
Albe m'est odieux; ma haine est légitime;
Qui? moi, son allié ! non, plutôt sa victime !
Le salut du Batave à mes soins est commis;
Point de lâches traités avec ses ennemis.
C'en est assez ; adieu. » Miramont se retire ;
Nassau retient à peine un dédaigneux sourire.

Près du lieu des combats, sous un bocage épais,
Habitent le bonheur, le silence et la paix.
Dans les champs dévastés, la Loire avec ses ondes
Roule un sanglant amas de cadavres immondes ;
Ici, de lents ruisseaux, de rapides torrents,
Sur des prés toujours verts roulent plus transpa-
           rents ;
Le seul bruit du feuillage ici se fait entendre ,
Et l'oiseau des forêts y mêle sa voix tendre.
Tout sourit en ces lieux, et leurs attraits vainqueurs
Des farouches guerriers amollissent les cœurs.
Le chêne y verse au loin son ombre salutaire ,
Les airs sont parfumés, les fruits jonchent la terre.

Sous les bois, où l'attend un modeste repas,
Guillaume tout pensif a dirigé ses pas.
En un vase grossier l'argile façonnée
De verdure et de fleurs s'élève couronnée ,
Et de son large sein, qu'ont rafraîchi les eaux,
Le nectar écumeux jaillit en longs ruisseaux.
Des bergers d'alentour la troupe réunie
Forme sur les hautbois une douce harmonie ;
D'autres à ces accords unissent leurs chansons

Et célèbrent le dieu qui mûrit les moissons.
On se tait, on écoute, une voix plus sonore
Raconte les hauts faits dont Guillaume s'honore :
« Du sceptre des tyrans jaloux de t'affranchir,
Guillaume, sous tes lois tu les verras fléchir ;
Que du fond des tombeaux l'obscure Batavie
S'élance glorieuse, et rappelle sa vie ! »

De Henri cependant la bienfaisante main
Unissait deux époux à l'autel de l'hymen.
Ils marchent enlacés de guirlandes fleuries,
Où la rose se mêle au gazon des prairies,
Symbole gracieux des liens fortunés
Qui, jusqu'au dernier jour, les tiendront enchaînés.
« Heureux, disait Nassau, qui vit dans la retraite,
Et brave, en souriant, l'effort de la tempête ;
Il n'a point épuisé la coupe des douleurs ;
Sa vie est un ruisseau qui roule sur des fleurs.
Mortels aimés des cieux, quelle innocente joie
Eclate dans vos cris, sur vos fronts se déploie !
Je puis donc près de vous oublier un moment
Et les crimes du monde, et mon propre tourment ! »

La troupe se rassemble au pied d'un chêne antique.
Un pasteur a saisi le chalumeau rustique ;
Les échos des vallons, au loin retentissants,
Des jeunes villageois répétent les accents ,
Et le chœur amoureux qui s'anime à la danse
En cadence s'élève et retombe en cadence.

Non loin de ce séjour, sur un froid monument,
De funèbres cyprès s'inclinent lentement.
Là , les cheveux épars , une vierge isolée ,
Louise, de ses mains presse le mausolée.
Elle pleure un guerrier tombé sous les drapeaux ,
Et qui, dans la mort seule , a trouvé le repos.
Louise, autour du marbre, enlaçait pour offrandes
Son bandeau virginal et de fraiches guirlandes.
Vainement à ces lieux on voudrait l'arracher ;
Rien de ce monument ne peut la détacher.
« Laissez-moi tout entière à mes douleurs secrètes ,
Dit-elle ! moi, mes sœurs, me livrer à vos fêtes !
Depuis que mon amant dans la nuit du tombeau
A vu de ses beaux jours s'éteindre le flambeau,
Pour répandre des pleurs je prolonge ma vie ;
Que n'en puis-je verser au gré de mon envie !

Livrez-vous aux plaisirs , ne me consolez pas! »
Inutiles discours ! on entraîne ses pas;
Vers l'asile de mort Guillaume la ramène.
Toujours compatissant à la misère humaine,
D'une amante plaintive il calme les douleurs ,
Approche du sépulcre, et le sème de fleurs.
Sensible à ces bontés, la bergère timide
Levait sur le héros un œil encore humide,
Soupirait en silence , et d'un regard troublé
Parcourait tout ce peuple autour d'elle assemblé.
Mais de la nuit déjà le sombre voile tombe ,
La mort même est sensible , et du fond de la tombe
S'élève par degrés un doux gémissement ,
Qui sur l'enclos fatal roule confusément ;
Et des bois, des ruisseaux le murmure se mêle
Aux accents douloureux que traîne Philomèle.
« Eh bien ! disait Guillaume à ses guerriers surpris,
Combattez, triomphez ! Vous voyez à quel prix ;
Des mères , des vieillards, des épouses en larmes
Accusent les vainqueurs, et maudissent leurs armes.
Henri! le sceptre un jour peut tomber en tes mains;
Sois avare du sang et des pleurs des humains. »
— « Ton espérance, ami, ne sera point trompée ;

Si le ciel, appuyant mes droits et mon épée,
Au trône des Français place l'heureux Bourbon,
On dira quelque jour : « Henri fut grand et bon. »
Périsse par mon bras la discorde étouffée !
L'olive et le laurier, voilà tout mon trophée.
Chéri de mes sujets, ne vivant que pour eux,
Je mettrai mon bonheur à faire des heureux. »
Il dit : d'un feu nouveau son regard étincelle,
Et de ses yeux ardents une larme ruisselle.
« Ah ! répond Coligny, si l'habitant des cours
Aux oreilles des rois redisait ce discours !
Trop chimérique espoir ! l'aveugle Tyrannie
Des plus puissants états interrompt l'harmonie ;
L'horrible Fanatisme, étouffant les remords,
Se repaît de carnage, et règne sur des morts,
Fait du mépris des lois un acte légitime,
Epuise avec lenteur le sang de sa victime,
Contemple ses tourments, y trouve des appas,
Pour dernière faveur accorde le trépas,.
Divinise le crime, et d'une main hardie
Sur les champs désolés promène l'incendie.
Mais devant le tableau de sa propre fureur
Bientôt l'homme effrayé reculera d'horreur.

Et de sages mortels, confondant l'imposture,
Rendront son cœur sensible au cri de la nature.
Hélas! quand viendront-ils ces siècles fortunés?...
Par quel charme trompeur nous sommes entraînés!
Je rêve la concorde, et les guerres civiles
Ravagent cependant les hameaux et les villes. »

Ainsi parle Guillaume, et les astres des cieux
Vers l'horizon lointain roulent silencieux ;
On déserte en pleurant la tombe solitaire ;
Déjà le doux sommeil se répand sur la terre,
Tout dort ; on n'entend plus, sous ces bosquets
       charmants,
Que du tendre zéphyr les longs gémissements.

CHANT QUATRIÈME.

———⧰———

Mais Sorila s'avance à travers les ténèbres,
Et roule dans son cœur mille projets funèbres.
Messager des tyrans, ministre du trépas,
De sa troupe fidèle il dirige les pas,
Et voulant des Français tromper la vigilance,
Du geste et de la voix commande le silence.
Tels, pressés par la faim, les ours et les lions
A l'approche du soir forment leurs bataillons.
Sorila, dévorant sa rage concentrée,
Du camp silencieux allait franchir l'entrée.
Guillaume, environné de quelques défenseurs,
Goûtait en ce moment un sommeil sans douceurs.

Tout prêt à s'éveiller au premier cri d'alarmes,
Sur son lit de repos il conserve ses armes.
Un songe le poursuit ; au milieu des combats
Il croit de son rival disperser les soldats.
De cette illusion sa grande ame est frappée,
Il s'agite , et sa main tremble sur son épée.

Mais devant le héros déployant sa clarté,
Sur un nuage d'or descend la Liberté :
« Qui retient en ces lieux ta valeur enchaînée,
Prince ? Il faut de l'état changer la destinée.
Sous le poids du malheur est-ce à toi de fléchir ?
Guillaume, est-ce en fuyant que tu veux t'affranchir ?
Ton peuple abandonné , ton peuple qu'on ou-
        trage,
Contre ses oppresseurs réclame ton courage ;
Que dis-je ? en ce moment un perfide assassin
S'avance armé d'un fer levé contre ton sein. »
Elle fuit à ces mots, et disparaît dans l'ombre.
Les gardes succombaient écrasés par le nombre.
Mais Guillaume paraît ; son air majestueux
Calme des assassins les cris tumultueux;
Coligny l'accompagne, et sa main redoutable

Présente aux ennemis un fer inévitable.
En vain les Espagnols voudraient fuir le trépas;
Un cercle de héros environne leurs pas.
« Nassau, dit Sorila, c'en est fait, je succombe;
Mais je veux avec moi t'entraîner dans la tombe. »
L'intrépide Nassau l'attend sans s'émouvoir,
Et lui donne la mort, loin de la recevoir.
Le farouche Espagnol tremble, pâlit, chancelle,
Un reste de courroux dans ses yeux étincelle;
Il tombe, il lève encore un bras audacieux,
Brise son fer, et meurt en blasphémant les cieux.
Enfin du grand Nassau la vengeance assouvie
Au reste des vaincus daigne accorder la vie,
Et ces fiers Espagnols baissent leurs fronts soumis.
Guillaume avec transport embrasse ses amis :
« Partagez jusqu'au bout ma gloire et ma souffrance;
Nous quittons aujourd'hui les rives de la France,
Dit-il; si je péris dans un projet si beau,
Puisse la Liberté couronner mon tombeau!
Suivons ses étendards, braves amis; c'est elle
Qui donne après la mort une gloire immortelle. »

« Non, disait Coligny, tu ne peux différer.

Cher et malheureux prince; il faut nous séparer.
Triomphe, tu le dois. Ton pays, qu'on opprime,
S'apprête à seconder ton dessein magnanime ;
Ce Guise, par ton bras dans sa course arrêté,
Craignant pour l'avenir, m'offre un sage traité.
Pour comble de bonheur, il est en ma puissance
De t'offrir le tribut de ma reconnaissance.
Nos armes sont à vous, Belges, et mes vaisseaux
Vous attendent, tout prêts à voler sur les eaux. »
Vers son fidèle ami Guillaume enfin s'élance,
Et garde dans ses bras un éloquent silence.
Puis rayonnant d'espoir : « Le triomphe m'attend;
Adieu, je vais jouir d'un sort plus éclatant.
Ah ! si le ciel vengeur seconde mon génie,
Je dois dans les tyrans frapper la tyrannie.
Mais craignons pour toi-même ! un noir pressen-
          timent,
Bien plus que mes revers, m'attriste en ce moment.
Guise, ton allié, dans son ame ulcérée
Doit nourrir sa vengeance à regret différée !.....
Jamais par le soupçon ton cœur n'est combattu;
Ton cœur est vertueux, et croit à la vertu.
Hélas! on peut braver la révolte hardie,

Mais qui peut sans péril braver la perfidie ?
D'un bonheur chimérique en vain tu te repais ;
Guise passe en un jour de la guerre à la paix.
Il conclut malgré lui ce traité nécessaire ;
Ah ! ne te flatte point d'une amitié sincère ! »
Puis essuyant ses pleurs : « Toi que j'ai tant chéri,
Digne espoir des Français, jeune et sage Henri,
A l'honneur, à l'état reste toujours fidèle ;
Des princes vertueux sois le parfait modèle.
Si tu règnes jamais (car du sang des Valois
La source peut tarir) commande au nom des lois,
Et, grand par ta valeur plus que par ta naissance,
Sache, pour l'affermir, restreindre ta puissance. »
— « Enfin, dit Coligny, le sort en est jeté ;
Sans peur je m'abandonne à la foi du traité ;
Ne puis-je, des ligueurs quand j'ai bravé la rage,
Aux intrigues des cours opposer mon courage ?
Au fer des assassins craindrai-je de m'offrir ?
J'ai su donner la mort, je saurai la souffrir ;
Va, de tes seuls périls mon ame est occupée.
Adieu, contre mon glaive échange ton épée. »

On voit près de Guillaume Aldegonde et Genlis,

L'un vengeur des Nassau, l'autre vengeur des lys.
Un cri s'élève, on part ; une noire poussière
Aux regards incertains dérobe la lumière.
La Liberté descend, et, le glaive à la main,
A ses guerriers chéris ouvre un brillant chemin.

Le doux printemps sourit; les nochers moins timides
S'élancent loin du bord sur les plaines humides,
Et laissent après eux d'innombrables sillons.
Au port de la Rochelle, avec ses bataillons,
Guillaume est accouru ; déjà les mers profondes
Semblent avec orgueil lui soumettre leurs ondes ;
Le signal est donné ; dans ses replis mouvants
La voile frémissante emprisonne les vents.
Nassau se tourne encor vers la France éloignée,
Et des pleurs du regret sa paupière est baignée ;
Bientôt il ne voit plus que la mer et les cieux,
Mais l'Angleterre enfin se présente à ses yeux.
Une femme y gouverne, et ses mains souveraines,
Sans jamais les raidir, laissent flotter les rênes.
Heureux le peuple ami d'un auguste pouvoir ;
Plus heureux le monarque instruit de son devoir !
Mais Guillaume respire un parfum de patrie ;

Par l'excès des douleurs sa grande ame flétrie
Se ranimait..... Hélas ! son pays consterné
Se montre à ses regards, de deuil environné.

Mais quel objet soudain a brillé dans la nue ?
Le pilote signale une voile inconnue :
« Aux armes! des esquifs! aux armes! des vaisseaux !
L'étendard espagnol s'élève sur les eaux ! »
Tout s'agite à grand bruit sur la flotte alarmée ;
L'airain vomit le fer de sa bouche enflammée ;
Chaque guerrier combat, à son poste fixé.
Mais un navire accourt le pavillon baissé ;
Debout, sur le tillac, un homme se présente ;
Son visage est serein et sa taille imposante.
« Barnevelt ! » à ce cri l'intrépide Nassau
Laisse tomber son glaive, et loin de son vaisseau
S'élance ; Barnevelt a tressailli de joie :
« Ah! cher prince, est-il vrai qu'enfin je te revoie?
Combien sur ton départ le Batave a gémi !......
Inspiré par le ciel , je te cherchais, ami ,
Des tributs du Potose une flotte chargée
S'avance, vers Cadix à grands frais dirigée ;
Je combats, je triomphe, et pour comble d'honneur,

5

Barnevelt le premier te nomme Gouverneur.
Accepte le pouvoir qu'un peuple te défère ;
Et quant à ces tributs d'un nouvel hémisphère,
Qui devaient d'un tyran servir la cruauté,
Qu'ils servent notre gloire et notre liberté.
Viens réchauffer les cœurs au feu de ton génie ;
Qu'au seul nom de Nassau tremble la Tyrannie ! »

La nuit descend : couché sur un lit de drapeaux
Guillaume savourait un glorieux repos.
Il dort, et le sommeil n'engourdit point son ame ;
Le couvrant tout-à-coup de ses ailes de flamme,
Vers les sacrés parvis l'auguste Liberté
S'élance, et dans les airs Guillaume est emporté.
Il franchit l'Apennin et sa cime imposante ;
Le temple de la Gloire à ses yeux se présente.
Il y voit réunis ces princes dont les mains
Ont essuyé les pleurs des malheureux humains,
Et les enfants des arts dont les pénibles veilles
Enfantèrent jadis d'éclatantes merveilles.
Il n'y voit point ces rois, esclaves couronnés,
Qui, gouvernant bien moins qu'ils ne sont gou-
         vernés,

Remplissent saintement de futiles pratiques,
Et font gémir l'état sous des lois despotiques.
Là, sur un trône d'or, Marc-Aurèle et Titus
Moins que par leur éclat brillent par leurs vertus ;
Trajan, qui réunit la clémence et l'audace,
Fut l'idole de Rome, et fit trembler le Dace ;
Plus loin, ce Louis neuf, fameux par ses exploits,
Plaça la royauté sous l'égide des lois.
Si, sur les bords du Nil, sa pieuse imprudence
Versa de nos trésors la stérile abondance,
S'il porta des arrêts qu'on réprouve aujourd'hui,
La faute est de son temps, ses vertus sont à lui.
Distinguant les pouvoirs de l'autel et du trône,
Il n'a point à la mitre asservi la couronne ;
Mais bravant le courroux du pontife romain,
Délivrant ses vassaux d'un joug trop inhumain,
Il a conquis sa place au temple de la Gloire,
Et toujours les Français béniront sa mémoire.

Tell, de son beau pays heureux libérateur,
De l'Autriche à ses pieds voit ramper la hauteur ;
Il s'élève, et sa main, au travail endurcie
Agite encor le dard qui sauva l'Helvétie.

Modèle des chrétiens et des rois généreux
Louis douze s'avance ; il a fait des heureux ;
Et si les Milanais redoutèrent sés armes,
Les pauvres sur sa tombe ont répandu des larmes.
Du Guesclin et Bayard, et d'Amboise et Suger
Parmi ces immortels ont droit de se ranger ;
Du Guesclin au-dehors protégea sa patrie,
D'Amboise dans son sein fit fleurir l'industrie.
Guillaume voit près d'eux ce fier navigateur
Qui confiait sa route à l'aimant conducteur,
Ce Colomb qu'insultait l'orgueilleuse ignorance.
Hélas ! quel fut le prix de sa persévérance ?
Ce grand homme, accusé par d'indignes rivaux,
Expia dans les fers ses glorieux travaux.

Vierge de Domremy, dont la sainte colère
Chassait loin d'Orléans le perfide insulaire,
Pour venger les affronts d'un prince efféminé,
Tu montras d'un héros le courage obstiné.
Comme dans tes vallons la brebis innocente
A ton gré dirigeait sa marche obéissante,
De nos vainqueurs d'un jour, qu'effrayait le trépas,
Les escadrons nombreux fuyaient devant tes pas.

Règne au temple de gloire, et du haut de ce trône
Sois toujours des Français la plus digne patrone.
Ce superbe Suédois dont l'heureuse vertu
Releva son pays sous le joug abattu,
Montrant encor sa main que les fers ont meurtrie,
Répète avec orgueil : « J'ai sauvé ma patrie. »
Guillaume, qui médite un semblable dessein,
Sent un feu dévorant bouillonner dans son sein.

Non loin de ces héros, il découvre les sages
Dont les divins écrits ont triomphé des âges ;
D'une large auréole Homère environné
S'offre d'abord aux yeux de Guillaume étonné.
Ses regards sont voilés par une nuit profonde,
Mais son brillant génie éclaire encor le monde ;
Et tirant de sa lyre un son mélodieux ,
Il chante les combats , les héros et les dieux ,
Achille, comme un tigre acharné sur sa proie,
Promenant sa victime autour des murs de Troie ;
Et le grand roi d'Ithaque, errant dans l'univers,
Pour observer les mœurs et les peuples divers.
Lucrèce, interrogeant les lois de la matière,
Dans ses vers immortels peint la nature entière.

Virgile, célébrant les champêtres plaisirs,
Fait aimer les pasteurs et les chastes loisirs ;
Il décrit l'art divin qui rend les prés fertiles,
Et qui nous asservit les animaux utiles ;
Puis d'un ton plus hardi, la trompette à la main,
Il chante le berceau de l'empire romain ,
Et ce héros pieux, vainqueur dans l'Ausonie,
Qui terrassa Turnus, et conquit Lavinie.
Virgile, les colons, les pâtres , les guerriers
Te couronnent d'épis, de fleurs et de lauriers.

L'harmonieux Ovide, en ses Métamorphoses,
De l'univers, des dieux, des hommes et des choses
Retrace l'origine, et déroule à nos yeux
De ses riants tableaux l'aspect délicieux.
Le vieil Anacréon , dans son joyeux délire ,
Parcourt d'un doigt léger les cordes de sa lyre ;
Horace, variant ses tons et ses couleurs,
S'élance vers le ciel ou vole sur les fleurs ;
Tibulle, de ses vers déployant la magie,
Fait soupirer encor l'amoureuse élégie.
Tel que du haut des monts un fleuve impétueux
Précipite à grand bruit son cours tumultueux ,

Pindare fait jaillir de son profond génie
Des torrents d'éloquence et des flots d'harmonie.
Armé d'un fouet vengeur qui siffle entre ses mains,
Le bouillant Juvénal châtiait les Romains ,
Tandis que Messaline , à l'ombre du mystère ,
Dans le lit nuptial accueillait l'adultère ,
Donnait à la débauche un attrait suborneur ,
Et même au poids de l'or payait son déshonneur.
Comme sur son trépied la sibylle écumante
S'agite , impatient du fiel qui le tourmente
Juvénal fait gémir , sous ses coups redoublés ,
Ses vils concitoyens d'épouvante troublés.

Catilina , Verrès , Antoine et ses complices
Entendent Cicéron réclamer leurs supplices ,
Et les mâles accents du grand homme irrité
Réveillent les échos de la postérité.
Disciple du bon goût et maître de Térence,
Ménandre de son siècle instruisait l'ignorance.
Il rit des envieux , méprise leurs clameurs ,
Et même en badinant il corrige les mœurs.
Du haut de la tribune Eschine et Démosthènes
Tonnent, comme autrefois dans la superbe Athènes;

En peignant Philoctète et Jocaste en fureur,
Sophocle à la pitié sait unir la terreur.
Là, discutent Platon, Aristote et Socrate;
Un grand homme inspiré, le divin Hippocrate,
A la simple Nature empruntant son flambeau,
Détourne les mortels des sentiers du tombeau;
Pour prix de ses vertus, sous la centième année
Sa tête ferme encor ne s'est point inclinée.

Guillaume bénissait tous ces noms glorieux;
Des siècles, en une heure, ont passé sous ses yeux.
« Vois, dit la Liberté, ce vieillard vénérable;
Comme dans les forêts un magnifique érable
Domine avec orgueil ses rejetons nouveaux,
Tel ce profond penseur domine ses rivaux.
Ses longs cheveux épars sont blanchis par l'étude;
Préférant aux palais sa chaste solitude,
Il a su, dans un temps par le crime infecté,
Conserver de ses mœurs la noble austérité.
Des intrigues des cours instigateur fidèle,
Il imita Salluste, et vainquit son modèle;
Il n'aura point d'égal chez vos derniers neveux.
Eh! qui pourrait atteindre à ce style nerveux,

A ces traits tout de flamme, à ces nobles pensées
Qui d'un cœur libre et pur jaillirent élancées?
Pour l'obscur avenir son rigide burin
Retrace le passé sur des tables d'airain.
C'est moi qui l'inspirais, quand à l'ignominie
Il vouait de Néron l'horrible tyrannie;
Quand, pour régénérer les ames des Romains,
Il leur traçait les mœurs des antiques Germains,
Et quand d'Agricola son éloquence austère
Nous peignit à grands traits l'auguste caractère.
Il nous montre Tibère étouffant le remord;
Et toujours pâlissant sur des arrêts de mort;
Le perfide Séjan, contraint de se soumettre,
De son maître abhorré, mais abhorrant son maître;
Les sénateurs rampants; l'orgueilleux affranchi
Dans l'opprobre élevé, par le meurtre enrichi;
Pallas, qui fait plier un monarque imbécille;
Narcisse, pour Néron cruellement docile;
La discorde et la mort volant de toutes parts;
Rome se lamentant sur ses débris épars;
Du malheureux Galba les avides ministres
S'arrachant sa couronne en ces instants sinistres;
Germanicus mourant, mais non pas abattu,

Puni par le poison du crime de vertu ;
La féroce Agrippine et la tendre Octavie
Aux mains de leurs bourreaux abandonnant leur
                    vie ;
Britannicus, heureux d'un bonheur qu'il n'a pas,
Au banquet fraternel savourant le trépas ;
Les murmures punis ainsi que le silence,
Et Sénèque expirant coupable d'opulence ;
Thraséas, condamné par de vils délateurs,
Offrant son propre sang aux dieux libérateurs ;
Et, pour mieux opprimer, l'aveugle Tyrannie
Livrant aux feux vengeurs les œuvres du génie.
Juge impassible et froid, sans haine et sans amour,
Il absout, il condamne, il punit tour-à-tour ;
La vertu qu'on immole à sa voix ressuscite,
Et le crime pâlit au seul nom de Tacite.

Par des lettres de plomb que dispose sa main,
Sur un léger papier fixant l'esprit humain,
Guttemberg, qu'outrageait une foule insensée,
Aux regards étonnés fait parler la pensée.
Du savant Phidias le ciseau créateur
Aux marbres animés donne un lustre enchanteur ;

Zeuxis, de la nature imitateur habile,
Fait mouvoir ses héros sur la toile immobile ;
Vitruve rajeunit d'antiques monuments,
Ou de palais nouveaux jette les fondements.
La Liberté désigne et Guillaume contemple
Mille autres immortels rassemblés dans ce temple ;
Il les quitte à regret, mais il doit quelque jour
Habiter avec eux ce glorieux séjour.

Agitant à grand bruit son armure guerrière,
La Liberté, des cieux a franchi la barrière.
Là, Dieu tient l'univers en ses puissantes mains,
Il détruit d'un coup-d'œil les projets des humains,
La terre devant lui n'est qu'un point dans l'espace,
Et la gloire des grands, un vain rêve qui passe.
Guillaume, à la faveur d'une sainte clarté,
Des siècles à venir perce l'obscurité ;
Il sourit, en voyant au sein de sa patrie
Circuler l'abondance et l'active industrie.
Maurice et Barnevelt, unissant leurs travaux,
Affermissent les droits de sept peuples nouveaux ;
Et Philippe, à l'écart, promène un œil paisible
Sur les débris vaincus de sa flotte *Invincible*.

Pour qui cet échafaud en public érigé ?
Par le glaive des lois Barnevelt égorgé
Est-il d'un prince ingrat bienfaiteur et victime ?
Et Maurice a dicté l'arrêt illégitime !
Mais la vengeance est prête, et sur son lit de mo..
Il sera déchiré par les traits du remord.

Non content du respect que le pouvoir inspire
Frédéric sur les cœurs établit son empire ;
Guillaume deux paraît ; par ses pièges adroits
Il veut d'un peuple libre anéantir les droits ;
Mais lui-même, déchu de sa frêle puissance,
Succombe, et laisse un fils proscrit dès sa naissance.
Un tyran décoré du nom de protecteur,
Du trône des Stuart superbe usurpateur,
Cromwell, poursuit encor, dans son aveugle rage,
Un rejeton royal échappé du naufrage,
Et le pieux bourreau, qui n'a pu l'immoler,
De la terre d'exil veut du moins l'exiler.
Mais Ruyter a paru, protégé par sa gloire,
Et du sang des Anglais arrose sa victoire.

Un conquérant, suivi d'innombrables guerriers,

S'avance, couronné de lys et de lauriers ;
Il foule sous ses pieds la Hollande envahie.
Mais bientôt par le sort sa valeur est trahie,
Et du vaste Océan tous les flots débordés
S'élancent à-la-fois dans les champs inondés.
Le Belge, sous les eaux qu'enchaînait l'industrie,
Pour la conserver libre, engloutit sa patrie.

Mais la scène a changé ; quel autre conquérant
Porte au-delà des mers son essor dévorant ?
Les Anglais sont gagnés ; l'intrépide Guillaume
D'un royaume détruit fait un autre royaume ;
Sur le trône nouveau ses pieds n'ont point tremblé;
D'un double diadème il n'est point accablé,
Et, cher à son pays bien plus qu'à l'Angleterre,
Oppose aux factions son grave caractère.
Guillaume quatre règne un moment par l'effroi
Puis le Belge remonte au rang de peuple-roi.

Mais Louis a placé sur le trône d'Espagne
Un fils, que dans sa cour le malheur accompagne.
Quel peuple de guerriers s'avance vers Madrid ?
Guillaume à cet aspect s'émeut et s'attendrit;

Il plaint ces conquérants, favoris de la gloire,
Qui de sang et de pleurs vont souiller leur victoire.
Une autre guerre éclate; oubliant les traités,
Vingt rois ambitieux marchent de tous côtés;
Ils veulent de l'Autriche envahir la frontière,
De ce vaste pays détrôner l'héritière,
Et placer leur orgueil sur un trône usurpé.
Mais par un jeu du sort leur espoir est trompé;
Du sein de ses états, l'intrépide Marie
Repousse tous ces rois, et brave leur furie.

La République expire; un nouveau Stathouder,
Que la clameur publique appelle à commander,
Malheureux dans un rang que le vulgaire envie,
Termine ses chagrins en terminant sa vie.
Bientôt Guillaume cinq, du pouvoir investi,
Au parti populaire oppose son parti;
Ah! si le peuple, ami d'une juste puissance,
Soumis sans être esclave et libre sans licence,
Toujours calme, jamais n'exagérait les droits
Des rois sur les sujets, des sujets sur les rois!
Guillaume cherche un port et trouve les naufrages;
Il voit un jour serein luire entre deux orages;

Et las enfin d'errer, sur un dernier écueil
Il trouve le repos..... et descend au cercueil.

La République en France a fait place à l'Empire;
Chez le peuple batave elle renaît, expire,
Et sur un nouveau trône, à son trône ajouté,
Napoléon vainqueur en passant a jeté
Un frère, qui, servant sa nouvelle patrie,
De son sceptre royal protège l'industrie,
Et loin de se plier à d'orgueilleux projets,
Contre le despotisme affermit ses sujets.
Mais lui-même bientôt, déchu du rang des princes,
Voit la France engloutir son peuple et ses provinces.
Enfin Napoléon a connu les revers :
Il tombe, et de sa chute ébranle l'univers.
Celui qui sous son char broyait le front des hommes,
Puis, entre ses soldats partageait les royaumes,
Vers le brûlant exil où l'attend le trépas,
Fuit..... et l'Europe encor tremble au bruit de
       ses pas.

Ici, mille concerts dans les cieux s'entendirent,
Du vaste firmament les voutes resplendirent,

Et, laissant sur sa trace un rayon de clarté,
Vers le divin séjour monta la Liberté.

Le héros, enivré de gloire et d'espérance,
D'un triomphe prochain accepte l'assurance.

CHANT CINQUIÈME.

———————◦◦◦———————

TANDIS que les mortels endorment leurs ennuis,
Un monstre affreux s'agite et veille au sein des nuits,..
Sur les bords ottomans , dans une solitude
Asile des soupçons et de l'inquiétude ,
Près d'un rocher désert et loin des feux du jour,
L'atroce Despotisme a fixé son séjour.
La voix des malheureux endurant l'agonie
Apporte à son oreille une douce harmonie.
La vertu jusqu'à lui tremble de pénétrer ;
Il fait briller son glaive, et n'ose se montrer.
Sur les débris des lois il fonde sa puissance ,
Il exige, avant tout, l'aveugle obéissance ;

Sous ses pieds se prolonge un vaste souterrain
Que ferment les verroux de cent portes d'airain,
Dans ce gouffre sans fond, l'implacable torture
A la douleur timide arrache l'imposture.
Entendez-vous les chants des soldats inhumains,
Et les cris des captifs expirant sous leurs mains ?
Victimes du pouvoir, plus vos cris retentissent,
Plus les coups des bourreaux sur vous s'appesan-
        tissent.
Pâles, défigurés, souffrants et sans remord,
Vous implorez, hélas ! ou la vie ou la mort ;
De vos persécuteurs la rage inassouvie
Vous refuse à la fois et la mort et la vie.

Le Despotisme observe et redoute ces lieux
Où, dressant sous le joug un front plus orgueilleux;
Le Belge, d'une main que les fers ont meurtrie,
Menace les tyrans, vainqueurs de sa patrie :
«Quoi ! ce peuple arrogant, que je croyais dompté,
Se ranime et s'agite au cri de Liberté !
Si du moins, franchissant les bornes légitimes,
De ses libérateurs il faisait ses victimes,
Et, consumant sa force en d'éternels combats,

S'élevait un instant pour descendre plus bas !....
O Philippe ! ô Granvelle ! ô mes dignes ministres !
Opposez votre adresse à leurs projets sinistres ;
O fils de Charles-Quint ! affermis mes autels,
Qu'adorent en tremblant de serviles mortels.
Sous un vaste bûcher que la Belgique expire ;
En soutenant mes droits tu soutiens ton empire. »

Il dit, contre Nassau pousse un cri de fureur,
Et la flotte batave en a frémi d'horreur.
Au même instant mugit l'effroyable tourmente ;
La mer roule et retombe en montagne écumante ,
Le bruit des aquilons , les cris des matelots
Se mêlent dans les airs au tumulte des flots.
Tout tremble; mais Nassau, calme au sein de l'orage
Grand comme son malheur et fort de son courage ,
D'un regard immobile interroge l'aimant.
Son navire, jouet du fougueux élément,
Aborde fracassé contre une île prochaine,
Où l'ancre le retient, où le câble l'enchaîne.
Sur la rive, en pleurant, les colons prosternés
Invoquent le vrai dieu pour ces infortunés;
D'autres, pour les sauver, ont dévoué leurs têtes,

Et sur un frêle esquif méprisent les tempêtes.
A peine avec les siens Guillaume est descendu ;
Sur l'abime des flots un instant suspendu
Le navire chancelle, et disparaît sous l'onde.
Partout se manifeste une douleur profonde,
Mais Guillaume, affectant un air calme et serein,
A sa propre douleur commande en souverain.
Un vieillard lui présente une main secourable ;
Soixante ans ont passé sur son front vénérable ,
Et de ses longs cheveux l'éclatante blancheur
De ce front jeune encor relève la fraîcheur.
« Vieillard , quand la tempête exerce maints
      ravages ,
Quel peuple exempt de crainte habite ces rivages ? »
« — Des Bataves. » Ce nom est à peine entendu ,
Par un soudain transport Guillaume a répondu.
« Tu vois, dit le vieillard , un peuple heureux et
      libre ;
Quand des pouvoirs rivaux détruisant l'équilibre,
Le monarque espagnol, au mépris des traités ,
Sous un sceptre accablant fit gémir nos cités ,
Enchaînant à mon sort ma triste colonie,
Je me fis un rempart contre la tyrannie ,

Et, relevant ici mon courage abattu,
Je trouvai le bonheur au sein de la vertu.
Hélas ! sur d'autres bords, l'aveugle multitude
Respire sans horreur l'air de la servitude,
Et sous d'indignes fers le Batave courbé
Au joug universel ne s'est point dérobé.
Mais que dis-je ? un grand-homme, au péril de
     sa vie,
S'efforce d'affranchir l'auguste Batavie ;
Ces colons généreux, maudissant leur repos,
Brûlent de se ranger sous ses nobles drapeaux.
Même à la fleur de l'âge, Irthur, mon fils unique,
Veut briser de ses mains le sceptre tyrannique.
Pour moi, qui de mes jours vois pâlir le flambeau,
Moi, que le bras du temps guide vers le tombeau,
Heureux si je pouvais, au bout de ma carrière,
Revoir ce protecteur dont l'audace guerrière
Ranimant des vaincus les efforts expirants
Sur leur trône ébranlé fait pâlir les tyrans !
Mais vous, sur nos confins quel projet vous amène ?
Pensez-vous conquérir ce paisible domaine ?
Cherchez d'autres exploits, redoutables guerriers,
La gloire vous appelle et vous tend ses lauriers.

Votre guide n'est point un mortel ordinaire ,
Son cœur n'a point nourri de projet sanguinaire ;
Mais quoi ! ce noble port, ce front audacieux,
Est-ce une illusion ? en croirai-je mes yeux ?
Guillaume !....... c'est lui-même ! » et la foule
          empressée
Aux genoux du héros soudain s'est élancée.
« Compagnons, leur dit-il, un dieu combat pour
          nous ;
Il m'inspire !....... Cessez d'embrasser mes genoux.
Ah ! plutôt, ralliés autour de mon épée,
Renversez des tyrans l'espérance trompée. »

Nassau voit réunis tous les présents divers
Dont la bonté céleste a comblé l'univers ;
Ici, les mains de l'Art, secondant la Nature,
Des plus riantes fleurs ont mêlé la peinture ;
Là, roulent mollement de limpides ruisseaux,
Et les arbres touffus se courbent en berceaux.
Les chantres des forêts, avec un doux ramage,
Aux tapis de verdure opposent leur plumage ,
Et des monts d'alentour les sommets gracieux ;
L'un sur l'autre élevés, s'effacent dans les cieux.

Du sein des bois accourt une vierge innocente ;
Idalyre est son nom ; d'une voix carressante :
« Noble étranger, dit-elle, en ces lieux pleins
        d'appas
Arrêtez un moment vos désirs et vos pas.
Voulez-vous parcourir ces plaines odorantes
Où paissent les chevreaux et les brebis errantes ?
Voulez-vous reposer dans mon humble séjour ,
Qu'effleure de ses traits l'astre brûlant du jour ?
Aux yeux de l'Eternel , par un doux hyménée,
Irthur doit à mon sort joindre sa destinée ;
Hélas ! il ne vient pas ! qui peut le retenir?
A-t-il en me quittant perdu mon souvenir ?
Pour voler aux combats délaisser son vieux père!
Délaisser son amante !..... Il reviendra , j'espère ! »
Elle dit: et son front, qu'embellit la pudeur,
Et son œil embrasé d'une subite ardeur
S'abaissent lentement; Guillaume à cette vue
Sent naître dans son cœur une flamme imprévue ;
Il s'émeut, il rougit; quand l'un de ses vaisseaux
Ecarté de la flotte, apparaît sous les eaux.
Guillaume l'aperçoit, tous ces membres palpitent,
De son cœur oppressé les bonds, se précipitent ;

Au tyran de Madrid le Batave soumis ,
Et les lois sans pouvoir , et ses tristes amis
Traînant dans un cachot les fers de l'esclavage ,
Tout l'appelle aux combats ; il court vers le rivage.
Suivi d'un corps nombreux, Irthur vient partager
Du valeureux Nassau la gloire et le danger.
Son père l'encourage et dévore ses larmes :
« Que ne puis-je , ô mon fils, te suivre sous les armes!
Mais l'âge sur mes yeux épaissit son bandeau :
Voudrais-je, du navire inutile fardeau,
Affronter les périls au bout de ma carrière ?
Toi, qui marches encor dans ta force guerrière,
Citoyen et soldat, protège ton pays ;
L'honneur te le commande , il t'appelle ; obéis.
Ah ! sous le poids des ans si ton père succombe ,
Irthur, de tes lauriers viens couronner ma tombe;
Mais au sein de nos bois si tu rentres vainqueur,
Si je puis en mourant te presser sur mon cœur,
Avec moins de regret j'exhalerai ma vie.
Que dis-je ? mon destin sera digne d'envie ! »

Sur le sein du vieillard , de douleur oppressé,
Irthur se précipite et le tient embrassé ;

Il fuyait..... tout-à-coup se présente Idalyre ;
Un affreux désespoir dans ses yeux se fait lire.
« Perfide, lui dit-elle, ainsi tu me trompais !
Arrête!.. de mes jours pourquoi troubler la paix ?
Du bonheur, près de toi, j'ai savouré les charmes ,
Et c'est toi maintenant qui fais couler mes larmes !
Mais d'un plus noble amour ton cœur est enivré ;
Tu cherches les combats, eh bien ! je te suivrai.
Par l'excès des tourments si mon âme est flétrie,
Mon sein renferme un cœur qui bat pour la patrie.
J'embrasse tes genoux, je te suis au trépas,
Irthur !..... cris superflus ! il ne m'écoute pas !
O mer! entends du moins les vœux que je t'adresse ;
Ce bandeau nuptial, ce gage de tendresse,
Dont l'ingrat aujourd'hui devait parer mon front,
Ce présent de l'estime ajoute à mon affront.
Reçois-le dans tes flots, qu'il suive l'infidèle,.....»
Ainsi parle Idalyre ; elle court, et loin d'elle
Le héros avait fui ; la vierge en ce moment
Chancelle, et sur le bord tombe sans mouvement.

« Chère épouse ! Idalyre ! ah ! reviens à la vie ;
Partage ces dangers que ton amour m'envie ! »

7

Elle rouvre les yeux ; une vive couleur
De son teint, par dégrés, efface la pâleur ;
On donne le signal, tous à la fois s'élancent
Sur le vaisseau guerrier que les vagues balancent.
Irthur embrasse encor son père infortuné ;
Audevant des périls Guillaume est entraîné ;
Il part, et de son fils l'image retracée,
Comme un triste fantôme, assiège sa pensée.
Le vaisseau fend les mers, et le navigateur
De sa course rapide accuse la lenteur.

Au nord de la Zélande, où le Rhin et la Meuse
Déchargent les torrents de leur onde écumeuse,
S'élève, au sein d'une île, un redoutable fort,
Qui des Belges ligués semble braver l'effort.
Saunoy, Lumey, Boisot, devant la citadelle
Ont rangé, dans la nuit, leur escadre fidèle.
«Mes braves, dit Saunoy, que sert de différer?
Guillaume reviendra, nous devons l'espérer ;
S'il n'est plus!..... Espagnols, quel que soit votre
          nombre,
Tremblez, le grand Nassau nous couvre de son
          ombre!»

Ils s'avancent; tout dort; sur les flots inconstants,
La lune fait jouer ses rayons éclatants;
On entend des vaisseaux les roulements funèbres,
Et les casques d'airain brillent dans les ténèbres.
Mais la garde veillait au sommet des remparts;
Le bronze des combats tonne de toutes parts.
Des partis opposés les clameurs se confondent,
Et des monts d'alentour les échos leur répondent.
Comme les moissonneurs, armés de fers tranchants,
Font tomber les épis qui flottent dans les champs,
Saunoy, Lumey, Boisot, seuls valant une armée,
Renversent des guerriers la troupe inanimée.
Tandis que sur leurs fronts voltige le trépas,
Le sol de la patrie a frémi sous leurs pas;
L'auguste Liberté vole au sein de l'orage,
Et de ses défenseurs enflamme le courage.

Vogue sur l'Océan, vogue, noble vaisseau,
Qui portes aux combats l'intrépide Nassau!
Comme un aigle vengeur qui tombe sur sa proie,
Guillaume aborde, frappe et tressaille de joie,
Entendez-vous ce cri par l'écho répété,
Ce cri : «Guerre aux tyrans! Guillaume et Liberté!»

Il a de nos ayeux conquis le territoire ! •
Bientôt les oris font place à des chants de victoire.

Albe, qui dans Bruxelle a planté ses drapeaux,
Après de longs ennuis, essayait le repos.
Un bruit se fait entendre ; il se lève et palpite ;
Le zélé Miràmont vers lui se précipite :
«Prince, vous me voyez interdit et confus ;
A nos offres Guillaume oppose ses refus ;
Que dis-je ? maîtrisant la victoire infidèle
Le perfide a sur nous conquis la citadelle.
Si de ce fier torrent vous n'arrêtez le cours,
Tout espoir est perdu : marchez!....» A ce discours
Vous eussiez vu pâlir le tyran sanguinaire,
Comme ébloui soudain par l'éclat du tonnerre;
A ses lèvres de feu quelques mots échappés,
Dispersent dans les airs leurs sons entrecoupés;
Il éclate, il se tait, quitte et reprend son glaive ;
Court, s'arrête et gémit ; s'assied et se relève ;
«J'irai, dit-il, j'irai, confondant leurs projets,
Rappeler au devoir ces rebelles sujets.
Frédéric, ô mon fils ! sur la mer écumante
Disperse les débris de leur flotte fumante ;

A ta lâche pitié crains de t'abandonner !
Je saurais te punir d'avoir su pardonner.
Moi-même je maudis ma cruelle indulgence ;
Adieu, je vais au crime égaler la vengeance. •

Les guerriers sont tout prêts ; Frédéric à l'instant
Les guide à la lueur de son glaive éclatant,
Tandis qu'au monde entier la Liberté révèle
Des succès de Nassau la rapide nouvelle.

CHANT SIXIÈME.

PHILIPPE, que la crainte assiège nuit et jour,
Dans les murs de Madrid a fixé son séjour.
Autour de son palais règne un morne silence ;
Mais, des soldats armés trompant la vigilance,
Les plaintes des mourants et les ombres des morts
Dans le cœur du monarque excitent les remords.
De plaisirs en plaisirs sa vague incertitude
Le traîne, et les soupçons peuplent sa solitude.
Le dégoût de la vie et l'horreur du trépas
Sous les lambris dorés s'attachent à ses pas.
Son sommeil est troublé par des songes funèbres ;
En invoquant le jour il maudit les ténèbres,

Et quand le jour paraît, dans l'épaisseur des nuits
Il voudrait, mais en vain, assoupir ses ennuis.
Le seul nom du Batave est un poids qui l'accable;
Il nourrit en secret une rage implacable;
Ce triomphe nouveau, par Guillaume obtenu,
Dans le cœur du tyran jette un trouble inconnu.
Incertain, il convoque en ces moments sinistres
Fighéroa, Granvelle et ses lâches ministres;
Philippe, moins discret, au conseil assemblé
Découvre les chagrins dont il est accablé.
Aiguisant son poignard, la sombre Politique
Inspire à ce monarque un discours despotique;
Elle roule sans cesse un œil creux et perçant,
Et sa bouche parfois sourit en frémissant.
Le sceptre dans la main, sur son front la couronne,
Philippe: «Le danger partout nous environne;
Nassau combat, triomphe, et nos fiers ennemis
Mille fois terrassés, n'en sont que moins soumis.
De la rébellion l'hydre encore indomptable
Relève contre nous sa tête redoutable;
Mais bientôt nous verrons Guillaume et ses vaisseaux
Par mes feux embrasés, s'engloutir sous les eaux.
Si quelqu'un, immolant cette illustre victime,

Osait par un exploit conquérir mon estime !
J'en atteste le ciel ; les trésors de l'état
Seraient le digne prix de son noble attentat.
Vous, dont la fermeté seconde ma prudence,
Ennemis déclarés de toute indépendance,
Dois-je au traître moi-même arracher ses lauriers,
Dois-je livrer la foudre aux mains de nos guerriers ?«
On écoute; Granvelle interrompt le silence :
«Quand j'osai des mutins réprimer l'insolence,
Prince trop généreux, fallait-il à mes mains
Ravir ce fer sacré, la terreur des humains ?
Ce peuple, qui d'abord a bravé ma puissance,
Vous refuse à vous-même une humble obéissance ;
Notre ennemi s'approche, et vous n'y songiez pas;
A-t-il, pour reculer, tenté ce nouveau pas ?
Que dis-je ? trop heureux, si déjà vos statues
Sous les coups du marteau ne sont point abattues !
Espérez-vous fléchir un peuple mutiné,
Ennemi du pouvoir, à sa perte obstiné ?
A plier sous vos lois sachez donc le contraindre,
S'il ne veut vous aimer, qu'il apprenne à vous
        craindre.
Nassau n'épargne rien, que sert de l'épargner ?

Qui ne sait point sévir, ne sut jamais régner.
Tournez, tournez enfin vos armes vengeresses
Contre ce fier lion, qu'irritent vos caresses ;
La victime à vos coups ne saura it échapper,
Mais pour y réussir, c'est à vous de frapper.

Le vieux Fighéroa, citoyen vénérable,
Ecoute avec horreur ce discours déplorable.
Il se lève, on se tait ; son front calme et blanchi
Sous quatre-vingts hivers n'a pas encor fléchi.
La douce humanité, qui dans ses traits respire,
Sur les cœurs prévenus lui donne un noble empire :
•Prêtre de l'éternel, dit-il en gémissant,
Quoi ! toujours des combats, des bourreaux et du
        sang !
Ah ! plutôt abjurons une aveugle démence ;
Régnons, il en est temps, régnons par la clémence ;
Affranchissons du joug ces peuples insoumis ,
Et perdons des vassaux, pour gagner des amis.
Dût mon zèle pieux vous paraître une offense,
Je veux de l'infortune embrasser la défense ;
N'aspirant qu'à fléchir un Monarque irrité,
J'oserai devant vous dire la vérité.

Trop longtemps le Mexique, asservi par nos armes,
Fut inondé de sang, de sueurs et de larmes.
L'Espagnol, poursuivant ses orgueilleux projets,
Au bout de l'univers a conquis des sujets.
Pourquoi donc rassembler vos phalanges altières,
Et du Belge farouche envahir les frontières?
Pourquoi de la Discorde allumer les flambeaux?
Prince, prétendez-vous régner sur des tombeaux?
Mais que dis-je? à nos lois honteux de se soumettre,
Le fils de Charles-Quint croit gouverner en
   maître!
Qu'il craigne du destin le perfide retour;
Les peuples opprimés oppriment à leur tour.
Détournons les effets de ce présage horrible;
Plus on est élevé, plus la chute est terrible.
Au joug sacré des lois qui veut se dérober,
Loin d'affermir son trône est bien près d'en tomber.
Excusez un discours ridige et salutaire,
Mais le devoir me parle, et je ne puis me taire.
Que le Belge soit libre! aux pieds de l'Eternel
Philippe en a prêté le serment solemnel;
Philippe à ce serment ne sera point parjure.
Son devoir le prescrit, son peuple l'en conjure;

La Suisse eut des tyrans, elle a su les punir ;
Prince, par le passé jugez de l'Avenir.
De l'abus des pouvoirs, de l'extrême puissance
Naissent la liberté, quelquefois la licence.
Gagnez par vos bienfaits les Belges triomphants ;
Ils sont vos ennemis, ils seront vos enfants.
Où le peuple est heureux, le monarque prospère ;
Ils seront vos enfants.... si vous régnez en père. »
Philippe lui répond : « J'ai droit de m'étonner
Des timides conseils qu'on ose me donner.
Le Belge se révolte, et ma bonté facile
Souffrirait les écarts de ce peuple indocile !
Que veulent ces mutins si jaloux de leurs droits ?
Il n'est qu'un seul pouvoir, c'est le pouvoir des rois;
Je saurai l'affermir, telle est ma destinée ;
Oui, je tiendrai la terre à mon sceptre enchaînée ;
Malheur à l'opprimé qui voudrait s'affranchir ;
Malheur, malheur au Belge! il doit rompre ou
　　　　fléchir.
Ce n'est point tout encore: un monstre épouvantable,
De la Religion fantôme redoutable,
Des ombres de l'Enfer à la clarté du jour
S'élève, et de Dieu même usurpe le séjour.

Mais bientôt cette main, que le ciel a choisie,
Doit, sous ses coups vengeurs, foudroyer l'hérésie,
Confondre pour jamais et Luther et Calvin,
Et rendre à son éclat le seul culte divin.
Mais à quitter Madrid je ne puis me résoudre ;
Du sein de mon palais je lancerai la foudre. »
Ainsi parle Philippe, et son geste orgueilleux
Disperse le conseil assemblé dans ces lieux.

Albe s'apprête à fuir les remparts de Bruxelle ;
Par des crimes nouveaux sa fureur se décèle,
Et le monstre, couvert du sang de ses sujets,
Nourrit contre Nassau les plus affreux projets.
Tel un tigre, enivré d'une féroce joie,
Egorge sa victime, et cherche une autre proie.

D'un servile tyran superbe adulateur
Vargas, de tout forfait le complice ou l'auteur,
Devant Albe paraît, et bouillant de colère :
« Nous avons étouffé la fureur populaire,
Dit-il, mais les prisons regorgent de captifs
Sur qui veillent toujours nos gardes attentifs ;
Prince, c'est trop long-temps différer leur supplice ;

8

Qu'une entière vengeance aujourd'hui s'accomplisse!
Le peuple, croyez-moi, las de l'oppression,
Couve encor la révolte et la sédition.
Deux traîtres, écoutant l'orgueil qui les inspire,
Du fond de leurs cachots menacent votre empire,
Albe, sans méfiance, ose-t-il se flatter
Que l'orage long-temps gronde sans éclater?»

Ainsi parle Vargas, et ce discours impie
Réveille du tyran la fureur assoupie.

Le signal est donné; les gémissements sourds
Sont à peine étouffés par le bruit des tambours.
La hache est sans repos, des flots de sang ruissellent,
Les mourants sur les morts en tout lieu s'amon-
          cellent;
Aux plaintes des proscrits la stérile amitié
Ose à peine accorder les pleurs de la pitié;
Dès qu'un tyran farouche a dicté leur supplice,
Intercéder pour eux, c'est être leur complice.
D'autres, las de fléchir sous tant de maux soufferts,
En implorant la mort languissent dans les fers;
On arrête, on égorge; et le séjour des crimes

Engloutit tour-à-tour ou vomit les victimes.
Hélas! depuis cinq mois, terrible et désarmé
Hornes dans un cachot gémissait enfermé ;
Prisonnier comme lui, mais libre sous sa chaîne,
Egmont rêvait encor sa vengeance prochaine.
Ah ! s'ils pouvaient du moins, compagnons de
      douleurs,
Confondre leurs baisers, leurs soupirs et leurs
      pleurs !
Malheureux ! l'un à l'autre ils sont inaccessibles,
Et frappent de leurs cris les voûtes insensibles.

Quelquefois, abusé par une noble erreur,
Egmont croit dans les camps signaler sa fureur ;
Il croit guider au sein de l'horrible mêlée
Son coursier qui bondit sur la terre ébranlée.
Il entend le tonnerre et la voix du vainqueur ;
Un généreux transport fait palpiter son cœur.
Brisant contre les murs les fers de l'esclavage,
Il va, revient, rugit; comme un lion sauvage
Sous sa prison d'airain se débat en grondant,
Mord les triples barreaux fracassés sous sa dent,
Hérisse coup sur coup sa crinière mouvante,

Et brave les gardiens, qu'il glace d'épouvante.
Tel s'indignait Egmont; vers le brave Nassau
Il s'élance de cœur; mais un fils au berceau,
Une famille en deuil, une épouse adorée
S'offrent en ce moment à son ame éplorée.
Le bruit s'est répandu que le vaillant héros
Doit soumettre sa tête au glaive des bourreaux.
Sabine, que les nœuds d'un fatal hyménée
Au vertueux Egmont retiennent enchaînée,
Vers le cachot s'élance, et devant un geolier
Sa docile fierté daigne s'humilier :
« Gardien de mon époux, au nom de la justice,
Qu'à mes pleurs une fois votre ame compatisse!
Puis-je embrasser Egmont? au jour de son trépas
Jusqu'aux portes des cieux puis-je guider ses pas?»
Elle dit; le geolier jette un regard farouche,
Et le cruel refus s'échappe de sa bouche.
Sabine frappe l'air de ses cris déchirants :
« Egmont, c'est ton épouse!» et de leurs bras errants
Pour s'unir l'un à l'autre ils assiégent la porte.
Mais Sabine succombe; on l'entraîne, on l'emporte;
Malheureuse! rappelle un reste de chaleur,
Vole aux pieds du tyran prosterner ta douleur !

Egmont a reconnu la voix de son épouse,
Il accuse, il maudit la fortune jalouse,
Et jamais ce captif, vainement irrité,
N'a mieux senti l'horreur de sa captivité.

La cloche du beffroi sonnait la dixième heure;
Le cachot s'est ouvert; de sa triste demeure
Egmont sort, et du jour contemple le flambeau;
Tel un spectre animé sortirait du tombeau.
Rangés autour de lui, tous ses compagnons d'armes
Etouffent leurs soupirs, et dévorent leurs larmes;
En voyant ces apprêts, Egmont ne doute pas
Qu'au-devant de la mort on n'entraîne ses pas.
Hornes, environné d'une garde nombreuse,
Quitte aussi des prisons l'enceinte ténébreuse.
Egmont le reconnaît, il s'élance alarmé:
« Viens, toi que j'aimai tant, toi qui m'as tant aimé!
Il daigne m'accorder, ce tyran que j'abhorre,
Le douloureux plaisir de te revoir encore.
Prolongeons, s'il se peut, ce précieux moment;
Vers le lieu du supplice avançons lentement.
Un échafaud!.... Quel prix de ta vertu guerrière!
Tu devais dans les camps terminer ta carrière.

Toujours, en citoyen, tu remplis ton mandat;
Il ne te restait plus qu'à mourir en soldat.
Opprobre des tyrans, honneur de ta patrie,
Ta mémoire du moins se sera point flétrie.
Que le Belge orphelin te pleure avec orgueil,
Et que la Liberté naisse de ton cercueil!
La mort des criminels ajoute à notre gloire,
Et l'échafaud pour nous est un champ de victoire.
O vous qui m'entourez, vous, malheureux amis!
Parlez, que fait Nassau? l'espoir m'est-il permis?
Votre silence ajoute à notre incertitude.
Nassau vit-il encore? » Il dit; la multitude
Fait entendre ce cri trop long-temps étouffé :
«L'Espagnol est vaincu, Guillaume a triomphé!»
Hornes bénit alors sa dernière journée,
Egmont ne maudit plus sa triste destinée;
Comme il vécut sans crime, il périt sans remord ;
Enfin, les deux captifs souriaient à la mort.

Dressé pour l'innocence un échafaud s'élève;
Dans les mains des soldats on voit briller le glaive,
Et le peuple à longs flots est cent fois repoussé;
Tel roule avec fracas l'océan courroucé.

En ce dernier moment plein d'horreur et de charmes
Egmont, pour tout adieu, verse un torrent de larmes.
«Braves amis! que sert de vous désespérer?
Oui, c'est l'instant fatal, il faut nous séparer.
L'espérance à vos cœurs serait-elle ravie?
C'est au sein du tombeau qu'on puise une autre vie.
En brisant tous vos nœuds Albe croit vous punir :
Mais bientôt dans ses bras Dieu va vous réunir.
«Ma tête, dit Egmont, doit rouler la première,
Et mes yeux sans retour fermés à la lumière
Ne verront point périr ce jeune infortuné,
Ce vertueux ami dans ma chute entraîné.
Hornes, me croirais-tu cet horrible courage?
Tu voulus, des tyrans quand je bravai la rage,
Offrir à ma faiblesse un trop faible soutien.
Tu plaignais mon malheur, je ne songeais qu'au
            tien....»
Mais Hornes se détourne et, sourd à sa prière,
Appelle des bourreaux la hache meurtrière;
Il monte, il dresse encore un front audacieux,
Semble, à chaque degré, se rapprocher des cieux;
Et regarde en pitié la mort qui l'environne.....
Plus grand sur l'échafaud qu'un tyran sur son trône!

«Point de bandeau funèbre ; un guerrier ne veut pas
Qn'on dérobe à ses yeux les apprêts du trépas.»
De ses noirs vêtements lui-même se dépouille,
Et sous la main de Dieu se courbe et s'agenouille.
L'éxécuteur paraît, la hache resplendit,
Elle s'élève, tombe....... et la tête bondit.
Le peuple a tressailli d'une terreur subite,
Il voit ces yeux sanglants rouler dans leur orbite ;
Egmont, ces tristes yeux que la mort va fermer,
Pour se tourner vers toi, semblent se ranimer.
Contemple de ce front la pâleur menaçante ;
Que dis-je? du héros la bouche frémissante
Exhalant un soupir vers le peuple irrité,
Laisse tomber encor le mot de *Liberté* !

Du généreux Egmont l'épouse infortunée
Aux pieds d'Albe en courroux gémissait prosternée ;
De timides enfants, doux fruits de son hymen,
Entourent de leurs bras le despote inhumain.
Les gardes sont émus ; Albe n'est point sensible ;
Lui seul à la pitié demeure inaccessible.
« Albe, disait Sabine, au nom de l'Eternel ,
Et d'un fils, que je porte en mon sein maternel ,

Détourne loin d'Egmont ta colère assouvie ;
En lui donnant la mort, tu m'arraches la vie !
Ne nous condamne point au plus triste abandon ;
Le premier de tes droits, c'est celui du pardon.
J'embrasse tes genoux, je les baigne de larmes ;
Parle, que tes bourreanx laissent tomber leurs
    armes.
Mon époux va périr ; peut-être en cet instant......»
Elle tombe à ces mots ; sur son sein palpitant
Ses fils, ses tendres fils, pleins d'une crainte amère,
S'élancent à la fois en s'écriant : « ma mère!....»
Albe étouffe à regret ses transports furieux,
Et s'étonne des pleurs qui roulent dans ses yeux.

Soudain, chargé par lui d'un important message,
Au pied de l'échafaud Vargas s'ouvre un passage;
Contre ses ennemis, seul avec sa vertu,
Egmont voit le péril, et n'est point abattu.
Vargas, vil instrument du pouvoir arbitraire,
S'écrie : «à l'échafaud je viens pour te soustraire;
Albe fléchit; Sabine embrasse ses genoux;
Renonce désormais à lutter contre nous,
Tes liens sont rompus.» Mais à tant d'insolence

Egmont d'un froid mépris opposait le silence;
Quand paraît un vieillard, son zélé serviteur,
Qui de ses pas tremblants hâte la pesanteur.
Un enfant avec lui pleure et se désespère,
Interroge la foule, et redemande un père.
Le vieillard lève au ciel ses suppliantes mains :
« Seul monarque des rois, arbitre des humains,
Viens ravir un grand homme à cette mort pro-
       chaîne!
Egmont, de tes beaux jours veux-tu rompre la
       chaîne?
Ton épouse, l'honneur, le ciel te le défend;
Vois tomber à tes pieds ce malheureux enfant!
Et si ton cœur est sourd à sa voix douce et tendre,
Qu'un cri de la nature au moins se fasse entendre.
Sensible et malheureux, Egmont plaint nos
       malheurs,
Aux pleurs de ses amis il répond par des pleurs.
Tout renaît à l'espoir, si tu consens à vivre;
Si tu meurs, au tombeau ton pays va te suivre. »

Egmont cède un instant; son fils infortuné
S'élance, et dans ses bras le retient enchaîné :

« Mon père, c'en est fait, c'est ta mort qu'on
      prépare,
J'y prétends comme toi, que rien ne nous sépare;
Nul effort de ton sein ne peut me détacher :
Si vous l'osez, bourreaux, venez m'en arracher. »
— « Combien en ce moment je chéris l'existence,
Dit Egmont; que le ciel éprouve ma constance !
Ma fermeté fléchit; soutenez-la, grand Dieu !
Pour la dernière fois adieu, mon fils, adieu !
Va, ne te berce point d'un espoir éphémère,
Entoure de respects et tes sœurs et ta mère.
Si Guillaume avec vous daigne le partager,
Oui, le poids des chagrins vous sera plus léger.
Qu'un pieux souvenir quelquefois vous rassemble;
Sur moi, sur mon ami, vous pleurerez ensemble;
Egmont, fier d'un arrêt qu'il n'a point mérité,
En appelle, en mourant, à la postérité.
J'aurai conquis la mort pour dernière victoire;
Qui meurt pour son pays doit renaître à la gloire;
Point de lâches regrets; cédons, puisqu'il le faut;
On peut trouver l'honneur, même sur l'échafaud. »

A peine il achevait, la hache menaçante

Retombe, sans pitié, sur sa tête innocente ;
Il vole entre les bras d'un Dieu libérateur,
Et du Ciel à ses pieds contemple la hauteur.
Hornes vers lui s'élance, et son ame ravie
Savoure les douceurs d'une éternelle vie.

Mais du peuple indigné les affreux hurlements
Ebranlent les cachots jusqu'en leurs fondements.
Les soldats ont frémi ; la foule turbulente
Embrassant des martyrs la dépouille sanglante,
Fait retentir ce cri mille fois répété :
«Guerre et mort aux tyrans ! Vengeance ! Liberté!»

Sabine a rappelé son ame fugitive ;
Elle tremble, chancelle, et d'une voix plaintive
Redemande un époux... que voit-elle? ô douleurs !
Son jeune fils couvert et de sang et de pleurs.
Les cheveux hérissés et le regard farouche,
Elle court, les sanglots se pressent dans sa bouche ;
Dans ses yeux menaçants brillent d'affreux éclairs,
Et bientôt ses longs cris font retentir les airs :
«Tyran de mon pays, fléau de la nature,
Qui nourris dans ton cœur l'orgueil et l'imposture,

Résolu, dès long-temps, d'immoler mon époux,
Pour mieux l'assassiner, tu me cachais tes coups.
Et Dieu t'épargne encore!.... oui, monstre san-
      guinaire,
Le ciel en te frappant souillerait son tonnerre;
Mais ceux dont ta vengeance a dicté le trépas,
Comme autant de bourreaux assiégeront tes pas.
Que le courroux de Dieu sur toi s'appesantisse;
Dans ses gouffres brûlants que l'enfer t'engloutisse!
Tremble, tu vas périr sur un dernier écueil;
Egmont, d'un seul instant, te précède au cercueil. »

Tels étaient les discours d'une épouse alarmée;
Albe l'entend, sourit, et rejoint son armée.

CHANT SEPTIÈME.

———◦———

Les forfaits sont comblés ; et Guillaume incertain
De ses amis captifs ignore le destin,
Quand, volant sur les mers dans sa barque rapide,
Une femme (d'Egmont c'est la veuve intrépide)
S'élance vers le bord, et son front sans couleur
Montre aux yeux attendris l'empreinte du malheur :
« Amis, secourez-moi ; victime de l'envie
Egmont, loin des combats, a terminé sa vie ;
Nos tyrans à la mort l'ont enfin condamné ;
Avec le fer des lois il l'ont assassiné !
Je confie à vos mains un trésor qui me reste,
Son grand cœur enfermé dans cette urne funeste ;

Rendons à sa mémoire un hommage immortel,
Que l'échafaud d'Egmont soit pour nous un autel!
Sa veuve et ses enfants, que le pouvoir exile,
Dans le camp de Guillaume implorent un asyle;
Vengez-nous, et lavez dans le sang des bourreaux
Le glaive encor fumant du meurtre d'un héros. »

Ce discours, des soldats enflamme le courage,
Et tous n'ont répondu que par un cri de rage :
« Egmont a succombé victime d'un forfait;
Il demande du sang, il sera satisfait. »

Déjà les Espagnols fendent les mers profondes;
Guillaume aussi s'apprête à voler sur les ondes,
Mais l'affreux Despotisme a pâli de terreur,
Et par de nouveaux coups signale sa fureur.

Vers les astres du Nord, où rugit enchaînée
Des rapides autans la foule mutinée,
Il s'élance; jamais de ces lointains climats
L'astre brûlant du jour n'échauffe les frimas.
Du pâle et triste hiver c'est l'éternel empire,
Là règne le désordre, et la nature expire.

Les cadavres meurtris, les débris des vaisseaux
Sur ces funestes bords s'élèvent en monceaux.
Le Despotisme ordonne; à cette voix connue
La foudre brille, gronde et roule dans la nue,
Et l'affreux aquilon, tonnant de tous cotés,
De son aile à grand bruit bat les airs agités.

Le jour a disparu; sous d'épaisses ténèbres,
O braves Zélandais, poussant des cris funèbres,
Vous portez aux nochers des secours généreux;
Craignez pour vous les maux prêts à fondre sur eux!
Un superbe rempart qu'éleva l'industrie,
D'un déluge nouveau défendait la patrie;
La tempête l'entrouvre, et les flots courroucés
Roulent avec fracas ses débris dispersés.
Tel, brûlant d'assouvir sa fureur inhumaine,
Un tyran exilé rentre dans son domaine.
Les rapides torrents, les fleuves débordés
Bouillonnent à grand bruit dans les champs inondés.
Adieu, pauvres hameaux, qu'habitait l'innocence,
Palais majestueux, séjour de la puissance,
Adieu, temples sacrés par le luxe embellis......
Dans l'éternel abîme ils sont ensevelis!

Voyez ce jeune époux,à l'horrible tourmente
Disputer à la fois ses jours et son amante;
Efforts trop superflus! les deux infortunés
Dans les bras l'un de l'autre expirent entraînés.
Plus loin, c'est un vieillard dont l'étroite nacelle
Sous son fardeau pesant et s'incline et chancelle;
Vainement il voudrait repousser le trépas,
Un humide tombeau s'entrouvre sous ses pas.
Ici roulent dans l'onde une mère et sa fille;
Là, près de s'engloutir, une pauvre famille
Au faite chancelant d'une orgueilleuse tour
Se repose, et bientôt disparaît sans retour.

Debout, sur le sommet d'un roc inabordable,
Et muets au milieu de ce bruit formidable,
Guillaume et ses amis, par la mer assiégés,
Contemplent, sans effroi, leurs vaisseaux submergés.
Conduite vers ces bords par une main secrète,
Sur les flots inconstants une barque s'arrête.
On veut sauver Guillaume, on tombe à ses genoux:
«Ne songez qu'à l'État, ne songez plus à nous;
Fuyez! » — Non, répond-il; le malheur nous
       rassemble ;

Ensemble nous vivrons, ou nous mourrons en-
  semble. »
Son fils même, son fils, à ses pieds prosterné,
S'efforce de fléchir son courage obstiné.
«O mon fils, sauve-toi! l'ardeur du premier âge
Pour de nouveaux dangers enflamme ton courage;
Défends, après ma mort, ton malheureux pays,
Sauve-toi, je le veux, je l'ordonne; obéis! »
— Mon père, que dis-tu? moi, fuir! quand la
  tempête
«Eclate sous tes pieds, éclate sur ta tête!
Non, non, je te suivrai même au sein du trépas,
Je péris avec toi, mais ne te quitte pas. »
La Liberté, témoin de leur lente agonie,
Court du vaste Océan implorer le génie.

Un orgueilleux rocher du sein des flots amers
S'élève, et sert de trône au monarque des mers.
Là des arbres touffus végètent sans culture,
Et forment à l'entour une verte ceinture.
Un sceptre en main, le front couronné de roseaux,
Le superbe Ocanor domine sur les eaux.
Il parle, et sans tarder, l'effroyable tourmente

Se déchaîne, en grondant, sur la plaine écumante,
Il se tait, et la mer qui menaçait les cieux
Déroule mollement ses flots silencieux.
Heureux le nautonnier qui, d'une main habile,
Peut guider son vaisseau vers ce roc immobile,
Quand surgit la tempête à l'horison lointain !
Ocanor lui présente un asyle certain.
Sur des prés toujours verts, mille sources rapides
Promènent sans effort leurs eaux toujours limpides;
C'est là que, dirigeant son vol précipité,
Les yeux baignés de pleurs, accourt la Liberté :
« Dominateur des flots, toi dont la main puissante
Excite ou ralentit leur rage obéissante,
Veux-tu tromper l'espoir de mes Belges vainqueurs?
Seconde le dessein que nourrisseut leurs cœurs.
Depuis que le besoin, père de l'industrie,
A fait de l'univers une même patrie,
Ces peuples, dévoués à ton culte éternel,
T'offrent de leurs travaux l'hommage solemnel.
Tu le vois cependant, sur la rive prochaine
Un vent impétueux les pousse et les enchaîne;
Commande, la mer tombe, et le ciel est serein. »
Ocanor obéit, et parle en souverain,

Et son char, emporté sur les plaines profondes,
Effleure, en voltigeant, la surface des ondes.
Nassau plaint ses amis; son regard douloureux
Se tourne vers le ciel, et retombe sur eux.
Mais le calme renaît; l'écho lointain répète
Les derniers roulements de l'horrible tempête,
Et le pâle soleil, perçant l'obscurité,
Dans le cristal des mers réfléchit sa clarté.
« Compagnons, dit Nassau, plein d'une noble rage,
Ces murs sont abattus, mais non pas mon courage;
Revolons aux dangers; votre guide n'attend
Pour prix de ses exploits qu'un trépas éclatant. »
Le reste de sa flotte à ces mots l'environne,
De voiles et de mâts l'Océan se couronne;
Et le camp voyageur, que dirige l'aimant,
Près des remparts de Leyde aborde lentement.
Guillaume le premier s'élance vers la terre,
Et rassemble à la hâte un conseil militaire.
Aldémor, de Guillaume infame détracteur,
Ne pouvant du héros atteindre la hauteur,
Dans ses adroits discours le déprime sans cesse,
Et voudrait l'égaler à sa propre bassesse :
« Braves guerriers, dit-il, j'ai toujours admiré

Le noble dévouement d'un héros inspiré ;
Mais jaloux de répondre au cri d'indépendance,
N'écouteriez-vous point la voix de la prudence?
Après tant de combats, après tant de travaux
Pourquoi vous exposer à des périls nouveaux ?
Compagnon de Nassau, j'estime sa vaillance ;
Mais jurant avec nous une auguste alliance,
Si Philippe en chrétien consentait à régner,
Un semblable traité n'est point à dédaigner.
Nos soldats ont un chef intrépide sans doute,
Mais que nous admirons plus qu'on ne le redoute...
J'ai prévu ce murmure..... aveugles citoyens,
Vous aspirez au but, sans songer aux moyens;
Tout exploit, direz-vous, au courage est possible;
Mais Nassau ne peut vaincre un monarque invin-
     cible.
Le ciel même, le ciel, contre nous irrité,
Brise les fondements de notre liberté;
De nos champs inondés les vagues nous bannissent,
Et contre nos desseins les élément s'unissent;
Et vous pourriez encor... non, ne le croyez pas;
En poursuivant l'honneur vous marchez au trépas.
Fuyez plutôt, fuyez ce sanglant territoire,

Et des siècles passés rappelez-vous l'histoire :
Jadis les Phocéens, dans leur ville enfermés,
Sous le joug d'Harpagus gémissaient opprimés.
Mais ce peuple orgueilleux, désertant l'Ionie,
Affronta l'Océan pour fuir la tyrannie.
Il transporta ses dieux aux rivages gaulois,
Et Marseille fleurit sous l'égide des lois.
Osons franchir, comme eux, la barrière des ondes,
Échangeons nos marais pour des plaines fécondes;
Même au-delà des mers, en des climats lointains,
Le Batave exilé fixera ses destins.
Cherchez donc le bonheur sur un autre rivage;
Désolez, en fuyant, ce sol âpre et sauvage,
Où, des mers envahis franchissant les hauteurs,
La mer roule soudain ses flots dévastateurs.
Fuyons, et puisse un jour notre humble colonie
Des tyrans de Madrid effrayer le génie. »

L'assentiment des uns, des autres le refus
Forment dans l'assemblée un murmure confus.
Guillaume, en se levant, fait taire ce tumulte :
« De ce rival jaloux je méprise l'insulte,
Dit-il; rien ne l'arrête, il peut sur d'autres bords

Ensevelir son nom, et garder ses trésors.
Mais nous! nous! oublier le serment qui nous lie!
Promener en cents lieux une gloire avilie!
Non, non, votre pays, ô mortels généreux,
Vous est d'autant plus cher, qu'il est plus malheu-
　　reux.
Pourquoi donc vous créer d'inutiles alarmes?
Il vous reste ces murs, vos courages, des armes;
Pourquoi, des ennemis devenus la terreur,
Sur vos propres cités tourner votre fureur?
Sur ces bords étrangers, où vous croyez descendre,
De vos braves ayeux trouverez-vous la cendre?
Trouverez-vous les champs par vos mains cultivés,
Et par vos soins pieux ces temples élevés?
J'en conviens, en tout lieu l'Océan nous assiège,
Mais contre l'Espagnol sa fureur nous protège;
A l'aspect du tyran pourquoi nous disperser?
Amis, loin de le craindre, il le faut renverser.
Opprobre à qui fuirait le sol de la patrie!
Dans la postérité sa mémoire est flétrie.
Fidèle à mon pays, je le serai toujours,
Et prétends le sauver même au prix de mes jours.
Vous qui craignez la mort, fuyez, guerriers timides,

Je ne vous retiens plus; sur les plaines humides
Fuyez, de l'Océan les ports vous sont ouverts;
Je reste pour mourir. Mais quoi! dans l'univers
Est-il encor des lieux, où de la Tyrannie
On n'ait point éprouvé l'affreuse ignominie?
Contemplez l'Amérique, où de lâches guerriers
Du sang d'un peuple libre arrosent leurs lauriers.
Voyez, sur d'autres bords, le faible Asiatique,
Honteusement plié sous un joug despotique,
Tandis que l'Africain, esclave menaçant,
Sous le poids de ses fers se courbe en gémissant.
Compagnons! si je touche à mon heure dernière,
Je tomberai du moins fidèle à ma bannière.
Pour moi, quand tout périt, mourir est un devoir,
Et je n'espère plus que dans mon désespoir. »

Ainsi parlait Nassau; comme des traits de flammes,
Ses rapides discours ont embrasé les ames;
Tous s'écriaient: « Marchons! ne nous séparons pas!
Que craignons-nous encor? Nassau guide nos pas. »
Sabine alors découvre aux regards de l'armée
L'urne, où de son époux la cendre est enfermée.
Le tumulte redouble; Aldémor, indigné,

Se retire, et de pleurs son visage est baigné.

Cependant, vers les murs de la ville effrayée,
Frédéric a guidé sa flotte déployée.
Boisot paraît, Boisot, dont le bras triomphant
Assure la victoire au peuple qu'il défend.
A peine il aperçoit cette escadre mouvante,
Frédéric un instant a pâli d'épouvante;
Tandis que sur les mers brillent les pavillons,
Albe près des remparts conduit ses bataillons.
D'intrépides soldats, vieillis dans la milice,
Ont déserté pour lui les champs de la Galice;
D'autres les bords fleuris, où le Guadalquivir,
Au sceptre des tyrans honteux de s'asservir,
Sous des bois d'orangers roule une onde plaintive,
Et dérobe aux regards sa course fugitive.
'A la voix des clairons, laboureurs et guerriers
Tous ont changé leurs socs en glaives meurtriers.

Fameux par sa valeur ainsi que par ses charmes,
A leur tête Aremberg s'avançait sous les armes.
Comme un coursier captif s'indigne et se débat,
Le jeune impatient veut marcher au combat,

Même au prix de sès jours acheter la victoire,
Et périr glorieux, mais non vivre sans gloire.
Naguère ce héros, favori de l'hymen,
Offrit à son amante et son cœur et sa main.
Dans un dernier adieu, cette amante éplorée
Sur le sein d'Aremberg tomba décolorée,
Et d'une main tremblante embrassa ses genoux.
Mais lui : « Rassure-toi ; le ciel veille sur nous.
La révolte pâlit : qu'elle tombe étouffée !
Je reviens à tes pieds déposer mon trophée.
Je te le jure; adieu!... » Trop malheureux amant!
L'immuable Destin se rit de ton serment.

Partout on aperçoit des phalanges altières ;
Ces héros de l'Espagne ont quitté les frontières.
O superbe Madrid! ô modeste Palos !
Je reconnais vos fils armés de javelots :
Palos, d'où s'élançant sur les mers étonnées,
Colomb livrait aux vents ses voiles fortunées,
Pour ravir des trésors à des climats nouveaux,
Et conquérir des fers pour prix de ses travaux.
Ici l'Aragonais, signalant sa furie,
Fait bondir dans les champs le coursier d'Asturie.

Là, contraint d'obéir, le fougueux Catalan
Retient de son courroux l'impétueux élan.
Pour venir de Philippe embrasser la défense,
Ils ont quitté les lieux, berceau de leur enfance,
Ces paisibles vallons, ces jardins enchantés
Où languit le courage au sein des voluptés.
De robustes colons une troupe docile
S'avancent après eux. Des plaines de Sicile
Vers les murs assiégés leur chef les entraîna,
Et leurs fronts sont noircis des vapeurs de l'Etna,
Dont ils ont vu cent fois l'effroyable cratère
Vomir contre le ciel tous les feux de la terre;
Nés au pied d'un volcan, ils peuvent sans terreur
De la foudre guerrière affronter la fureur.
Plus loin sont les enfants de l'antique Italie;
Albe croit endurcir leur jeunesse amollie,
Mais l'arme des combats pèse à leurs faibles mains;
Pour être nés dans Rome, en sont-ils plus Romains?.
Braquemont, que menace un trépas qu'il dédaigne,
Dirige d'un regard les guerriers de Sardaigne.
Avila, Vitelli, Mondragone et Daval,
Le fougueux Serbellone, Albe encor sans rival,
S'élancent en espoir sur les remparts de Leyde.

Le moment approchait; quand le brave Tolède
Dépose devant Albe un glaive précieux :
«Le pontife sacré qui parle au nom des cieux,
Qui du haut de sa chaire ébranle tous les trônes,
Et sur le front des rois peut briser les couronnes,
Approuve ton audace , et bénit tes projets ;
Les Belges révoltés deviendront tes sujets.
Le ciel arme ton bras de ce fer invincible,
Au bras que Dieu protège il n'est rien d'impossible ;
La victoire t'appelle, et du haut de ces forts
Te présente un laurier pour prix de tes efforts.
Mais surtout affermis ce tribunal suprême
Armé du fer sacré , qu'il reçut de Dieu même.»

Albe saisit le glaive ; et son œil irrité
Des Belges attentifs menace la cité.

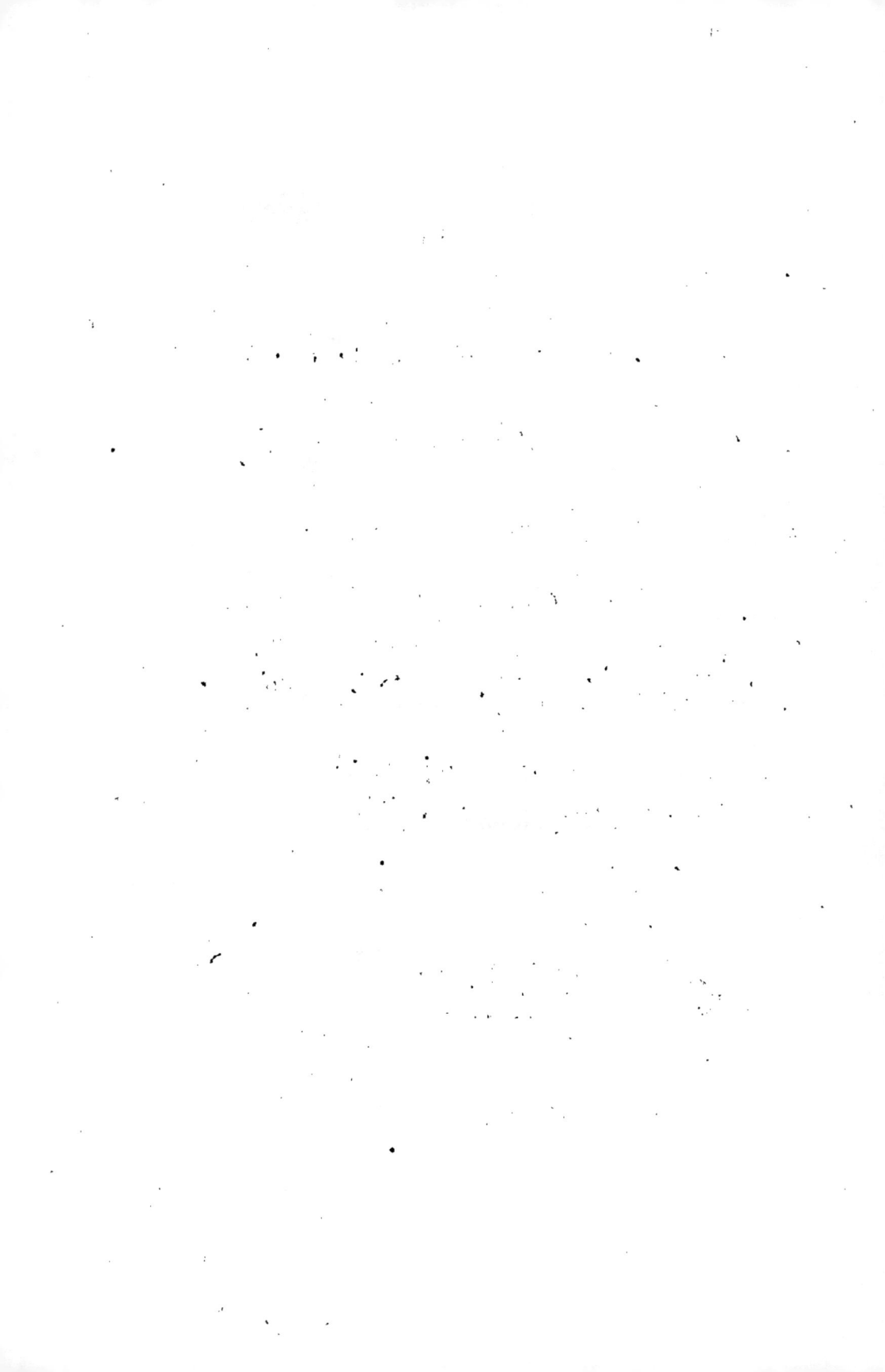

CHANT HUITIÈME.

———◁○▷———

Déja les deux partis s'observent en silence;
Le Despotisme veille, et dans l'air se balance.
Malheureux, il sourit aux malheurs des humains;
Un poignard tout sanglant étincelle en ses mains.
«Déjà la mer, dit-il, désole ce rivage,
Que la flamme à son tour y porte le ravage;
Aux efforts réunis de ces deux éléments,
Leyde, n'oppose plus tes vastes fondements.»

En cet instant, l'Etna, de sa bouche enflammée
Vomissait, en grondant, les feux et la fumée.
Dans ces flancs entr'ouverts, sous ces noirs arsenaux,

Le Démon des combats allume ses fourneaux.
Le liquide métal dans les creusets bouillonne,
Et la flamme d'azur jaillit et tourbillonne.
Ils ne sont plus ces temps où de braves soldats,
Armés d'un javelot, s'élançaient aux combats ;
Alors moins de périls environnaient la gloire,
Mais le courage seul assurait la victoire.
Aujourd'hui, par un art digne fruit de l'enfer,
Le fer vomit le plomb, l'airain vomit le fer,
Et de loin, méditant un meurtre légitime,
Le lâche peut sans crainte immoler sa victime.

Le Despotisme arrive, et ses adroits discours,
Du Démon des combats réclament le secours :
«Sur ses ailes de feu que la bombe rapide
S'élève, et sur les murs du Batave intrépide
Retombe ; en dispersant ses éclats meurtriers,
Et rende la valeur inutile aux guerriers.»
Il dit ; les lourds marteaux sur l'enclume bon-
        dissent ;
Et le bronze et le fer en globes s'arrondissent ;
Les sulphureux brouillards obscurcissent les airs,
Et des bruits souterrains se mêlent aux éclairs.

Adolphe, de Nassau jeune et malheureux frère,
Veillait au haut des murs sur le parti contraire;
Aremberg tout-à-coup s'élance loin des rangs :
« Guerrier, par un combat vidons nos différents;
Forte de ses remparts plus que de ton courage,
Leyde peut bien sans toi résister à l'orage.
Viens, que de nos exploits tranquilles spectateurs
Mes soldats et les tiens assiégent les hauteurs.
Viens donc! » A ce défi, que suit un long murmure,
Adolphe impatient dépose son armure,
S'approche, sans effroi, de son rival altier,
Et d'un œil furieux le parcourt tout entier.
Tous les cœurs sont émus; on observe en silence
Qui des deux va fixer la fortune en balance.
Aremberg, le front calme et le bras étendu :
« Noble guerrier! écoute un serment qui t'est dû;
Dans la tombe aujourd'hui l'un de nous doit
            descendre;
Si tu meurs, ton rival respectera ta cendre;
Le ciel m'en soit témoin; pour combler ton affront,
Albe, sur l'échafaud, veut exposer ton front;
Ma main détournera le glaive qui s'apprête,
Dût-il se relever pour abattre ma tête.

Mais si le Dieu vengeur, dont j'implore l'appui,
Du nombre des vivants me retranche aujourd'hui?
— «Tes vœux seront comblés, généreux adversaire;
Je désire ta mort; j'en fais l'aveu sincère;
Oui, j'ai soif de ton sang! mais Adolphe irrité
Ne te cédera point en générosité.....»

La trompette résonne; aux yeux d'un peuple
       immense
Leur courroux se ranime, et la lutte commence.
De leurs casques d'airain, de leurs glaives croisés
La lueur resplendit dans les airs embrasés.
Chacun des combattants joint la force à l'adresse;
On recule, on revient, on plie, on se redresse;
Les lauriers à la main, et volant autour d'eux,
La Victoire semblait les couronner tous deux.
Comme un disque de feu, chaque glaive étincelle;
Tandis que son rival le presse et le harcelle,
Aremberg, toujours calme et toujours indompté,
Opposait aux assauts son immobilité.
Contre son large fer tous les coups s'amortissent,
Et d'un bruit effrayant les échos retentissent.
Mais de ces vains retards Aremberg indigné,

Fond sur son agresseur trop longtemps épargné ;
Contre le sein d'Adolphe il tourne son épée,
Le frappe ; d'un sang noir sa main droite est trempée ;
Guillaume l'aperçoit , et pousse un cri d'horreur ;
Adolphe chancelant concentre sa fureur.
« Guerrier, dit Aremberg, le ciel ainsi l'ordonne ,
Rends-moi , rends-moi ton fer. — Tiens , je te
       l'abandonne , »
Dit Adolphe , et d'un coup adroitement porté,
Dans le flanc d'Aremberg son fer s'est arrêté.
Sur le gazon rougi l'un et l'autre chancellent, ·
Ils tombent ; c'en est fait ! des flots de sang ruissellent ;
Ils expirent tous deux. Mille cris déchirants ,
Mêlés à des sanglots , circulent dans les rangs.
Guillaume est accouru, Guillaume embrasse encore
Ce cadavre chéri , ce frère qu'il adore ;
Il l'arrose de pleurs ; il l'appelle ; à sa voix
Adolphe reste sourd , pour la première fois.

Cependant, des tambours la terrible harmonie
Des deux partis rivaux exaltait le génie.
Par cent globes de fer les remparts entamés,
Couvraient de leurs débris les corps inanimés.

Les éclairs sillonnaient la plaine étincelante ;
Ainsi, chargeant les cieux de leur masse brûlante,
Deux nuages obscurs montent sur l'horizon ,
Et la foudre en éclats jaillit de sa prison.
Entendez-vous mugir l'effroyable mêlée,
Comme un noir tourbillon au sein de la vallée?
Voyez-vous se heurter les bataillons pressés ?
D'une moisson de fer les champs sont hérissés ;
Le triste laboureur, son épouse adorée,
Pressent contre leur sein leur famille éplorée.
Malheureux! ils ont vu, sous les pieds des chevaux,
Périr, en un seul jour, le fruit de leurs travaux.

Genlis, accompagné de généraux habiles ,
Dispose ses soldats en lignes immobiles.
«Braves amis, dit-il, doutez-vous du succès?
Le fer est dans vos mains, et vous êtes Français.
Pourriez-vous exiger de plus heureux auspices?
A l'audace toujours les destins sont propices ;
Et dussions-nous, amis, succomber au trépas,
Mourir en combattant a pour nous trop d'appas.
Ceux que guide au cercueil le sentier de la gloire,
En dépit de la mort, vivent dans la mémoire.

Mais quoi !de son flambeau nous prêtant la clarté,
Sur nous, du haut des cieux, veille la Liberté,
Marchons ! » Les rangs étroits sous ses coups
s'élargissent,
La terre est ébranlée, et les échos mugissent.
Ils courent vers ces lieux, où les foudres d'airain
Renversent les soldats sur le sanglant terrain:
Avila, Vitelli, Braquemont, Serbellonne
S'efforcent de briser la mobile colonne;
Inutiles efforts ! l'Espagnol courroucé,
Loin des lieux qu'il occupe, est déjà repoussé.

Les Belges sont armés de ces foudres de guerre,
Dont l'ennemi vainqueur les accablait naguère;
Alphonse, Roméro, mille guerriers sans noms,
Périssent foudroyés sous leurs propres canons.
Tout fuit; en cet instant le Démon des batailles
De tonnerres nouveaux menace les murailles;
Chacun, à cet aspect, frémit en reculant;
Albe, sans s'émouvoir, saisit un jonc brûlant,
Et sourit aux horreurs dont il va se repaître:
A peine l'étincelle à touché le salpêtre,
Une horrible lueur éclate et resplendit;

La foudre à grand bruit tonne, et le bronze bondit.
Des Belges effrayés il menace l'armée ;
Telle on voit tout-à-coup la comète enflammée
Tracer au sein des nuits de lumineux sillons ;
Près des murs ébranlés et sur les bataillons
Ainsi, du haut des cieux, la bombe redoutable
Siffle, descend, se brise... ô spectacle effroyable !
Aux yeux épouvantés s'offrent de toutes parts,
Sur de sanglants débris, des cadavres épars.
Nassau, pour un moment, Nassau tremble et recule,
Un frisson douloureux dans ses membres circule ;
Même avant la victoire Albe se croit vainqueur,
Il insulte à Guillaume avec un ris moqueur ;
Mais semblable au torrent, dont la fureur s'aug-
          mente,
Quand il trouve un obstacle à sa course écumante,
Ou comme un fier lion, qu'environne la mort,
Saisit les javelots, les fracasse et les mord,
Guillaume aux grands périls oppose un grand
          courage,
Et rougissant de honte ou pâlissant de rage :
« Amis, où courez-vous ? Albe même a tremblé ;
Celui qui nous accable est lui-même accablé,

Suivez-moi; secondez l'ardeur qui me possède.»
Il dit, un guerrier tombe, un autre lui succède;
Même audace partout, partout même fureur,
Le son des instruments se mêle aux cris d'horreur,
Et, planant sur la terre, un lugubre nuage
Semble cacher aux cieux cette effroyable image.

Soudain le vieil Orvan, dont un sang généreux
Fait palpiter encor les membres vigoureux,
Oppose à l'Espagnol sa troupe menaçante.
Un jeune téméraire à ses yeux se présente;
Orvan, fier d'accepter ses superbes défis,
S'élance, court... s'arrête... et reconnaît son fils.
Son fils, de l'Espagnol seconde la furie,
Et contre les remords son ame est aguerrie;
Orvan poursuit le traître, et d'un bras furieux
Lui perce la poitrine, en détournant les yeux.

Quels sont ces deux amants, dont les bras redoutables
Portent à l'Espagnol des coups inévitables?
Naguère encore, assis au pied des saules verts,
Dont leurs champs fortunés en tout temps sont
    couverts,

Ils entendaient gémir les ondes fugitives
Sur le lit de cailloux, qui les retient captives;
Maintenant tous les deux affrontent le trépas,
Et l'arène sanglante a jailli sous leurs pas.
C'est le fougueux Irthur, c'est la jeune Idalyre,
Dont les doigts délicats faisaient vibrer la lyre;
Mendoz veut, sur Irthur, assouvir son courroux.
Idalyre frémit pour les jours d'un époux;
Entre la mort et lui, terrible elle s'élance,
Mais du coup meurtrier telle est la violence,
Qu'Idalyre chancelle, et sent avec horreur
Ce frisson, du trépas funeste avant-coureur.
Comme une tendre fleur, que le soc a touchée,
Languissamment s'incline et périt desséchée;
Idalyre succombe, et son front irrité,
En perdant sa couleur, conserve sa beauté.
Le salpêtre s'embrase, et sa flamme écarlate
Roule, monte, descend, s'allonge et se dilate;
Irthur méprise tout; l'airain tonnant des forts,
Loin de les affaiblir, ranime ses efforts.
Mendoz, qu'il poursuivait sur le champ de bataille,
Trahi par son coursier, son armure et sa taille,
Sous le fer du héros, qui lui perce le cœur,

Tombe, et d'un œil mourant menace son vainqueur.
Content d'avoir vengé son épouse fidèle,
Irthur, criblé de coups, lutte encore près d'elle;
Mais la terre fléchit sous ses pas incertains,
Et le jour se dérobe à ses regards éteints.
Serrant contre son cœur Idalyre plaintive,
Il recueille, en mourant, son ame fugitive;
Dans les bras l'un de l'autre on les voit expirer,
La mort même, la mort, n'a pu les séparer.

Guillaume s'avançait, en détournant l'orage,
Car toujours sa prudence a guidé son courage.
Méprisant les périls qui viennent l'assaillir,
Il voit autour de lui des palmes à cueillir.
Avec moins d'avantage et plus de violence
Maurice, jeune encor, signale sa vaillance;
De ce fils de Nassau tu menaces le front,
Intrépide Avila, mais pour toi quel affront!
Maurice encor te brave, et brisant ton épée
Aldegonde l'arrache à ta fureur trompée.
Plus loin brillent Wasnar, enfant de Civilis,
Swiéten et Silon, et le brave Genlis;
Mais, plus que ces héros, on reconnaît Guillaume;

Tous les coups à la fois pleuvent sur un seul homme.
Pour lui, comme un nocher, que l'orage a surpris,
Des matelots tremblants rassure les esprits,
Il soutient ses soldats, les pousse ou les arrête;
La mort frappe en tous lieux, et respecte sa tête.

Dans son char de triomphe, environné d'éclairs,
Alors le Despotisme apparaît dans les airs,
Mais de la Liberté l'égide menaçante,
Repousse, sans effort, sa fureur impuissante.
Sur un trône étoilé de nuages flottants,
Egmont quitte des cieux les parvis éclatants;
Du haut du firmament, sa demeure dernière,
Hornes, des saints martyrs agite la bannière;
Boisot et Frédéric combattent sur les mers;
Et le sang espagnol souille les flots amers.

Le jour fuit; on arrive à cette heure paisible,
Où l'homme est entraîné par un charme invincible;
A l'heure où le sommeil, ce doux présent des cieux,
Verse aux faibles mortels son baume précieux,
Mais ici le Néant à fixé son empire,
C'est la mort qu'on y voit, la mort qu'on y respire;

Dieu! quel horrible amas de corps défigurés,
D'étendards en lambeaux, de membres déchirés !
Que de braves guerriers, couchés sur la poussière,
Attirent des oiseaux la foule carnassière !
Ici deux ennemis, qui confondent leur sang,
Cherchant à s'étouffer, meurent en s'embrassant ;
Tandis que, séparé de son compagnon d'armes ,
Un vieux soldat expire, en versant quelques larmes.
Plus loin, près d'Aremberg Adolphe est étendu ;
Quel spectacle, grand Dieu! pour Guillaume éperdu!
Adolphe, hélas! n'est plus, et tu ne peux le suivre,
O frère infortuné! Dieu te condamne à vivre ;
Mais combien d'Espagnols, par ton bras immolés,
Vengeront d'un héros les mânes désolés !
Aremberg, à la fois et vainqueur et victime,
Ennemi de Guillaume, et que Guillaume estime,
Auprès d'Adolphe mort trouve un lit de repos ;
Tous deux ont pour linceuls leurs glorieux drapeaux.
Un tertre de gazon sur leur fosse s'élève,
Guillaume, avec orgueil, y dépose son glaive,
Se prosterne, et gémit en regardant les cieux.
Mais quel objet nouveau se présente à ses yeux ?
C'est la jeune Idalyre, et son amant fidèle

Qui vainquit et mourut, en combattant près d'elle;
L'épouse est belle encore, et la faulx du trépas
N'a point avec ses jours moissonné ses appas ;
C'en est fait, le cercueil pour jamais les rassemble :
Adieu riants vallons qu'ils parcouraient ensemble ;
Vous ne les verrez plus descendre des hauteurs,
Ni guider les brebis sous les toits protecteurs.
D'un vertueux vieillard ils étaient la famille,
Dans l'épouse d'Irthur il embrassait sa fille ;
Au lever du soleil ou de l'astre du soir,
Sur un rocher désert souvent il va s'asseoir ;
Il écoute, il espère, et n'entend qu'un murmure
De son troupeau, qui dort sous l'épaisse ramure.
Vieillard infortuné! sourds à tes cris perdus,
Tes enfants à tes vœux ne seront point rendus.

Sur son char matinal, l'aurore éblouissante
Colorait l'horizon de sa clarté naissante;
Les têtes des captifs, que lance l'ennemi,
Pleuvent sur les remparts, et chacun a frémi.
Chacun, dans ces objets, tremble de reconnaître
Ou l'auteur de ses jours, ou l'enfant qu'il vit naître :
« De ces lâches bourreaux je n'attendais pas moins ;

Mais nous, d'un tel forfait resterons-nous témoins?
Compagnons ! suivez-moi ; la vengeance est
    certaine. »
Douza, grand citoyen et vaillant capitaine,
A ses soldats muets adressait ce discours.
« Dussé-je de moi seul attendre mon secours,
Accablé de travaux, privé de nourriture,
De ce bras, s'il le faut, je ferai ma pâture,
Et de l'autre, attaquant un barbare vainqueur,
Je veux vaincre à mon tour, et lui percer le cœur. »

Il disait ; le canon, pour signal militaire,
Gronde ; l'écho, du ciel rebondit vers la terre :
Le Batave résiste, et sur les assaillants
L'huile, la poix et l'eau tombent à flots bouillants.
On voit des étrangers l'étincelante armée
Rouler, comme une mer sur la plaine enflammée.
Ici les Espagnols, par le destin trahis,
Tombent du haut des murs qu'ils avaient envahis ;
D'autres, croyant saisir leur victoire imparfaite,
S'élancent vers les tours, en assiégent le faîte ;
La foudre des combats s'allume, gronde, part ;
Et les boulets rougis entr'ouvrent le rempart.

Dans les champs, sous les bois, sur les tours crénelées;
Des femmes combattaient, pâles, échevelées.
En voyant près de soi combattre la beauté,
Chacun sent redoubler son intrépidité.
Ainsi dans les combats, que soutint la Phrygie,
Excitant des guerriers la féroce énergie,
Minerve, Ménélas, Vénus, Agamemnon,
Diane, Achille, Hector, et Pâris et Junon,
Et le bouillant Ajax, et le perfide Ulysse,
Et les Dieux et les Rois s'élançaient dans la lice.

CHANT NEUVIÈME.

Les ordres sont donnés ; et, le pic à la main,
L'adroit mineur se fraie un tortueux chemin.
Albe, employant la ruse à l'appui du courage,
Va sous un sol trompeur faire éclater l'orage.

Mortels ! qui foudroyez les remparts et les camps,
Osez-vous murmurer, si parfois des volcans
Le gigantesque front s'ébranle, et si la foudre
Des superbes cités réduit les murs en poudre?

Le feu glisse sous terre; et, rompant sa prison,
Le perfide salpêtre enflamme l'horizon.

Les rapides éclats dans la plaine jaillissent,
Dans un gouffre sans fond les tours s'ensevelissent ;
Et le soldat muet, qu'électrise la peur,
Ne voit qu'un tourbillon de cendre et de vapeur.

Sous le brûlant climat de la zône torride,
L'horrible Faim habite en un désert aride.
Sa langue assiège en vain son palais desséché,
Et dans ses flancs impurs circule un feu caché.
Ses lamentables cris font frémir d'épouvante ;
Ce monstre décharné semble la mort vivante,
Il ébranle ses os l'un par l'autre froissés,
Et se traîne, l'œil morne et les cheveux dressés.
Dans ces plaines de sable, où languit la nature,
Aux tigres dévorants il ravit leur pâture,
Engloutit, sans effroi, ces effroyables mets,
Et se repaît toujours, sans se lasser jamais.
S'il fatigue sa dent sur sa dent frémissante,
Il croit, dans son erreur, saisir sa proie absente.

Le Démon des combats, traîné par ses vautours,
De Leyde, qu'il déteste, abandonne les tours;
Vers l'antre de la Faim sa course est dirigée,

Avec elle il revient dans la ville assiégée ;
Quel spectacle d'horreur! l'un traînait à pas lents
De son corps épuisé les restes chancelants ;
Un autre gémissait, étendu sur la pierre,
Et tournait vers le ciel sa mourante paupière.
On voit, à la lueur du nocturne flambeau,
Tous ces spectres errer dans un vaste tombeau ;
Sans doute il leur souvient de ces jours où la terre
Prodiguait de ses fruits le tribut salutaire,
Quand, broyé par leurs mains, un utile froment,
Après de longs travaux, leur servait d'aliment.
D'un bonheur qui n'est plus l'image retracée,
Dans les malheurs présents, accable leur pensée,
Douza, des assiégés l'ange consolateur,
Façonne, avec effort, un sourire menteur ;
Et, montrant aux guerriers l'avenir qu'il ignore,
D'un espoir incertain veut les bercer encore.

Mais un fléau suit l'autre, et mille exhalaisons
Dans les airs infectés répandent leurs poisons.
Des chefs et des soldats les cadavres immondes
Roulent confusément dans les fosses profondes ;
Le fils, près de son père, invoque le vrai Dieu,

12

Il adresse au vieillard un éternel adieu ;
Et le jeune imprudent, sur sa bouche expirante,
Puise, dans un baiser, la fièvre dévorante.
L'enfant, qui de sa mère ignore les douleurs,
Sur ses genoux repose, et sourit à ses pleurs ;
Il sourit !.. mais bientôt il pleurera comme elle.
Pressant avec effort une aride mamelle,
Et voulant s'abreuver d'un lait empoisonné,
Par la contagion il périt moissonné ;
Sur le sein maternel lentement il retombe,
Et passe, en un instant, du berceau dans la tombe.
La Faim, de jour en jour, levant un front hideux,
Poursuit les citoyens, et voltige autour d'eux ;
De son sein haletant rien ne comble le vide,
Et plus il engloutit, plus il devient avide.

Mais d'où naît ce tumulte ? un cri séditieux,
De la foule élancé, fait retentir les cieux.
Où courent ces guerriers que la vengeance emporte ?
Du paisible Morlin ils enfoncent la porte ;
Le bruit s'est répandu, qu'en sa vaste maison
Morlin a renfermé le fruit de la moisson ;
Prodigue pour lui seul, son avare prudence

Sous son toit, disait-on, entretient l'abondance.
On entre... juste ciel! ce père infortuné
De ses fils expirants était environné.
Alarmé pour lui-même, il calmait leurs alarmes,
Et les baignait de pleurs en essuyant leurs larmes.
Ils expirent.... le peuple, abjurant sa fureur,
Se retire, et maudit une coupable erreur.
« Compagnons, dit Morlin, contentez votre envie;
Tous mes nœuds sont rompus, je renonce à la vie;
Frappez, dévorez-moi.... mais non, je ne veux pas
Qu'on puisse à mes amis reprocher mon trépas. »
Il dit; et dans son cœur plonge un fer homicide.
Un cri d'effroi s'élève; on s'agite, on décide
Que Morlin tout entier dans la tombe enfermé,
Ne sera point meurtri par un peuple affamé.

Mais la Nuit, qui s'avance en déployant ses voiles,
Comme des perles d'or a semé les étoiles;
Tout repose en silence, en des feux mal éteints
On voit trembler encor les reflets incertains
Sur le fer des héros, dont la troupe assidue
De la plaine, en veillant, mesure l'étendue.
Albe lutte en secret contre ses noirs soucis,

Par d'humides vapeurs ses yeux sont obcurcis ;
Il sent peser sur lui le bras qui le châtie,
S'il incline, en dormant, sa tête appesantie,
L'aiguillon du remords vient hâter son réveil ;
Hélas ! pour les tyrans il n'est point de sommeil !

Dans le camp de Guillaume, un soldat fanatique,
Misérable instrument du pouvoir despotique,
Brûle de conquérir le céleste séjour,
Et rêve dans la nuit à ses exploits du jour.
Il transforme, aveuglé par d'horribles maximes,
Les crimes en vertus, et les vertus en crimes ;
Dès l'enfance, il a vu ces cachots pleins d'horreur,
Où de pieux bourreaux exercent leur fureur,
Où les prêtres d'un Dieu d'amour et d'indulgence
Arrosent les autels du sang de la vengeance.
Au nom d'un tribunal dévotement cruel,
Il a vu brûler vifs les enfants d'Israël,
Et, sur les livres saints, il a juré naguère
De faire à l'hérésie une éternelle guerre.
Jauregui, (c'est le nom de ce jeune exalté),
Croit puiser dans la mort son immortalité,
Des élus du Seigneur entendre les louanges,

Et régner dans les cieux sur la reine des anges,
Par les veilles enfin il languit accablé,
Et de songes affreux son sommeil est troublé.

Cependant s'avançait, à travers les ténèbres,
Un fantôme abhorré, poussant des cris funèbres;
Sa main tient un poignard, son front porte un
       bandeau,
Et pour l'humanité son joug est un fardeau;
Le Fanatisme (hélas ! qui peut le méconnaître
Aux turbulents transports que son aspect fait naître?)
Le Fanatisme accourt : « O brave Jauregui,
Assez dans le repos ton courage a langui;
Tu promis autrefois, sur les saintes reliques,
De protéger l'Espagne et les vrais catholiques;
Tu l'as promis!... Eh bien! quand un prince apostat
Dispute au roi chrétien les rênes de l'état,
Quand Nassau de l'Eglise ébranle l'édifice,
Tu dois à l'Éternel l'offrir en sacrifice.
O l'aveugle Guillaume ! un pied dans le cercueil
Il rêve de long jours, et s'enivre d'orgueil !
Dieu t'attend, Dieu t'appelle, il marque la victime;
Frappe; pour le servir tout devient légitime.

Cours, vole t'acquitter de ce pieux devoir;
Sur toi ; sur tes enfants les honneurs vont pleuvoir;
Et de ce monde ingrat si le ciel te retire,
Le laurier de la guerre aux palmes du martyre
S'unira sur ta tête; avec des flots d'encens
Les ministres divins t'offriront leurs accens.
Frappe, que peux-tu craindre? un tyran n'est
      qu'un homme ;
Ton nom sera placé dans les fastes de Rome ;
Mais si tu différais d'accomplir tes sermens,
Tremble; Dieu te réserve à d'horribles tourmens.
Tu peux, par un grand coup, illustrer ta mémoire;
C'est à toi de choisir ou l'opprobre ou la gloire,
La lumière éternelle ou la nuit du trépas;
Le ciel est sur ta tête, et l'enfer sous tes pas.»

Il dit et disparaît; Jaurégui, dans son âme,
D'un criminel amour sent bouillonner la flamme.
C'est le ciel qu'il chérit, c'est Dieu qu'il croit servir;
Il sort, plein du courroux qu'il brûle d'assouvir.
Tel un tigre farouche, et que la faim tourmente,
S'élance, l'œil ardent et la gueule écumante.
La nuit quittait les cieux; son immense rideau

Déja s'environnait d'un rougeâtre bandeau;
Guillaume a prévenu le réveil de l'armée.
Tous les chefs, réunis à l'heure accoutumée,
Attendent le signal; le son lointain du cor;
Hymne cher aux soldats, ne frémit pas encor.
Bénissant le hasard qui comble son attente,
L'infâme Jauregui s'approche de la tente
Où Guillaume, et les chefs autour de lui rangés,
Exposent en commun leurs avis partagés.
Rigide pour lui seul, pour les autres sensible,
Toujours aux malheureux Guillaume est accessible.
Jauregui, par la ruse assurant son forfait,
Ose de sa victime implorer un bienfait.
Tout prêt à l'immoler, il l'observe et la flatte,
Le tube meurtrier entre ses mains éclate,
Le plomb part en sifflant; Guillaume en est atteint;
Il tombe; la pâleur se répand sur son teint;
Jauregui triomphait, mais la vengeance est prête;
Mille bras à la fois sont levés sur sa tête;
Il meurt, percé de coups, en bénissant les mains
Qui du ciel, à son gré, lui livrent les chemins.

Tout le camp, réveillé par les cris d'épouvante,

Se lève, en s'agitant, sur la plaine mouvante,
Et l'on croit voir encor les fertiles sillons,
Comme au temps de Cadmus, vomir des bataillons.
Guillaume succombait, immolé par l'envie,
Mais la voix de son fils le rappelle à la vie;
Il ouvre un œil mourant, il parle, et de son sein
Laisse échapper ces mots : « épargnez l'assassin! » ...
A ses tendres amis il veut cacher ses larmes,
Lui-même les console et demande ses armes;
La souffrance réprime un élan généreux,
Guillaume est retombé sur son lit douloureux.
Maurice, qui gémit dans une horrible attente,
Interroge du doigt sa veine palpitante.

Mais Ilsonte paraît; des postes ennemis
Ilsonte a déjoué les gardes endormis.
O surprise! ô terreur! cette vierge éperdue
Sur le front de Nassau voit la mort suspendue :
« Dieu! quel monstre perfide et de sang altéré
Lança le plomb mortel dans ton sein déchiré?
De ce noir attentat la nouvelle semée
Avait déjà frappé mon oreille alarmée;
La douleur sur ce lit enchaîne ta vertu,

Mon pays avec toi serait-il abattu!
Non, non, quoiqu'en nos murs sévisse la famine,
Sur nos champs asservis si l'étranger domine,
Par de lâches traités bien loin de s'avilir,
Les Belges sous leurs toits sauront s'ensevelir.
Guillaume dans son cœur sent l'espérance éclore,
Il respire, il s'agite, et son front se colore;
A ses yeux étonnés un nouveau jour a lui,
Il renaît, et chacun croit renaître avec lui.
Ilsonte alors convoque une troupe fidèle;
Mille héros fameux sont rangés autour d'elle;
Son noble dévouement, sa vertu, ses appas,
Mais la gloire, surtout, les attache à ses pas.
«Allez, disait Guillaume, allez, vierge intrépide,
Guidez vos compagnons, comme le ciel vous guide;
Quand Leyde, pour soldats, compte ses citoyens,
Que ne puis-je espérer avec de tels soutiens?
Allez donc affronter des périls que j'envie;
Dans mes sens ranimés, la chaleur et la vie
Circulent.... aux combats je voudrais m'élancer,
Mais une main de fer vient encor m'oppresser!....
Ah! s'il faut que la tombe avant peu me dévore,
Mes braves compagnons, vous me verrez encore

Vous ouvrir de l'honneur le périlleux chemin ;
Guillaume doit périr les armes à la main.»

Il dit; chacun l'embrasse, et demande qu'on parte ;
Héros dignes encor des beaux siècles de Sparte,
Ils marchent vers les lieux, où la terre en monceaux
De l'Océan captif repousse les assauts.
Profitant des secours que la mer leur prodigue,
Ils s'arment de longs pieux, ils fracassent la digue,
Et les fleuves voisins, échappés de leurs lits,
Inondent ; d'un seul bond ; les champs ensevelis.

Albe, se reposant sur la foi de son astre,
Albe n'a point prévu cet horrible désastre.
Ses soldats, occupés d'inutiles travaux,
S'arment pour les combats, apprêtent leurs chevaux;
Un murmure, semblable à ce bruit monotone
Des antiques forêts qu'agite un vent d'automne,
S'élève, croît, redouble; on fuit, tout disparaît ;
Albe, le ciel vengeur prononce ton arrêt.
Les flots ont mieux que toi conquis ce territoire ;
A tes avides mains échappe la victoire.
L'Océan et le Rhin, et la Meuse et l'Yssel

N'offrent plus à tes yeux qu'un lac universel.
L'un, disputant sa vie à l'horrible tourmente,
D'un bras désespéré bat la vague écumante ;
L'autre, livrant aux flots son corps appesanti,
Roule, tombe, surnage, et retombe englouti.
Dans un léger esquif, sur le faîte d'un chêne,
On voit des malheureux fuir une mort prochaine ;
Plusieurs, ensevelis dans des sables grossiers,
S'attachent, en mourant, aux crins de leurs coursiers ;
Quelques-uns sont épars sur cet abyme immense,
Qui s'allonge et finit où l'horizon commence.
Albe effrayé s'arrête au sommet d'un coteau ;
Le vent du nord frémit dans son large manteau.
Le tyran voit flotter sur les vagues immondes
Ces étendards, long-temps la frayeur des deux
       mondes ;
Sous le poids des revers il reste anéanti,
Il voit, avec son camp, son espoir englouti :
«Ainsi de nos desseins la fortune se joue!»....
Disait-il, et des pleurs ont sillonné sa joue.

Des Espagnols, montés sur un frêle radeau,
Qui chancelle et fléchit sous son pesant fardeau.

S'adressent, par son ordre, à la ville affamée :
« Albe va réunir les restes de l'armée ;
Plus fort par son malheur, il marche contre vous,
Et peut vous écraser du poids de son courroux.
Mais avant que son bras sur vous s'appesantisse,
Il daigne à sa clémence immoler sa justice ;
Si le Belge insoumis rentre dans le devoir,
Et pour ses protecteurs daigne nous recevoir. »

Des pâles citoyens la fermeté balance,
Quand le brave Douza sur les remparts s'élance ;
« D'une guerre honorable ou d'un repos honteux
Nous avons à choisir ; le choix n'est pas douteux,
Quoi ! cet Albe vaincu, ce tyran mercenaire
Ose vanter encor sa gloire imaginaire !
Dans son abaissement croit-il nous mépriser ?
Contre nos fronts d'airain son joug va se briser.
Je brave ce héros qui tremble pour lui-même,
Et nous menace encor de son pouvoir suprême,
Il crut, pour un moment, nous voir à ses genoux ;
Que son docile orgueil s'abaisse devant nous.
Qu'il songe à prévenir ses défaites prochaines ;
Fuyez, il n'est plus temps de nous donner des chaînes,

Fuyez !.... » Les Espagnols s'éloignent furieux,
Et des larmes de rage ont coulé de leurs yeux.

Mais de loin on découvre une barque mobile,
Qu'à travers les écueils guide une main habile ;
Bientôt c'est un navire, un vaste bâtiment
Qui, sous les murs de Leyde, arrive lentement.
Ainsi d'autres vaisseaux à l'horizon surgissent,
Tous leurs mâts sont dressés, leurs voiles s'élar-
            gissent,
Ils voguent, et la mer, qu'agitent les autans,
Pousse aux pieds des remparts ces magasins flottants.
Leurs enfants dans les bras, les femmes accourues
De joyeuses clameurs font retentir les rues ;
Le débile vieillard, par la faim excité,
Approche, en se traînant, des murs de la cité,
Ou plutôt on croit voir errer sur ces décombres
Des spectres, échappés de leurs cavernes sombres.
Tous veulent, n'écoutant que leur vorace ardeur,
De leurs avides flancs combler la profondeur.

Contre les murs détruits, la vague mugissante
Epuise cependant sa colère impuissante ;

13

Déchaînés à la fois, les vents séditieux
Bouleversent les mers, et font trembler les cieux ;
Mais Oceanor paraît, tout garde le silence;
Son sceptre, des autans brise la violence,
Et le ciel, dégagé de nuages errants,
Réfléchit son azur dans les flots transparents.
Sur l'onde, qui blanchit, les arbres reverdissent,
Et plus elle décroît, plus leurs cîmes grandissent.
Mais déjà l'Océan, comme un vaste bassin,
Emprisonne les flots retombés dans son sein ;
Nassau, près du cercueil, ressaisit l'existence;
S'il sentit un moment chanceler sa constance,
Bientôt il s'est raidi contre les coups du sort ;
Tel un chêne se courbe, et garde son ressort.

CHANT DIXIÈME.

ENFIN sur l'univers la nuit est descendue,
Un silence profond règne dans l'étendue ;
Guillaume reposait, quand un gémissement
Le réveille ; saisi d'un long étonnement,
Il écoute, il regarde, il croit voir un fantôme ;
Ce n'est point une erreur, c'est l'ombre d'un grand
        homme,
L'ombre de Coligny!... mortellement frappé,
D'un funèbre linceul il marche enveloppé ;
Ses cheveux sont souillés d'une immonde poussière,
Et des ruisseaux de pleurs inondent sa paupière.
Guillaume, à son aspect, d'épouvante a frémi,

Et lui tendant les bras : « O malheureux ami !
Enfin je te revois; mais réponds : que présage
Cette horrible pâleur qui couvre ton visage?
D'où naissent tes sanglots? Quel mortel inhumain
Sur ton front vénérable osa porter la main?
— Ah ! répond Coligny, c'en est fait de ma vie!
Enfin de Médicis la rage est assouvie ;
Quand tu m'avertissais de craindre sa fureur,
Ton noir pressentiment n'était point une erreur ;
Mais je ne pouvais croire à cette ruse infame,
Et j'ignorais encor ce que peut une femme ;
Je ne soupçonnais point qu'une feinte douceur
A mes yeux abusés cachât tant de noirceur.
De ce lâche attentat victime infortunée ,
Je bénirais encor ma triste destinée ,
Si des soldats français le poignard assassin
N'avait, au nom du ciel, déchiré que mon sein.
Mais dans des flots de sang tout se disperse et nage,
Et Paris n'offre plus qu'un immense carnage.
Le dirai-je? on a vu, dans nos murs saccagés,
Par les mains de leurs fils les pères égorgés ,
Et l'époux insultant son épouse expirante,
Des monstres font jaillir la flamme dévorante ;

Le sang baigne des rois les superbes lambris,
De nos temples sacrés on foule les débris...

» Guillaume, au nom du ciel, songe, songe à ma
    fille,
Unique rejeton d'une illustre famille;
Sois plus heureux que moi! séparons-nous; adieu !
Nous renaîtrons un jour, pour vivre au sein de
    Dieu! »

Il s'éloigne à ces mots; de l'ombre fugitive
Guillaume écoute encor la voix sourde et plaintive,
Et poursuit de ses bras le fantôme trompeur
Qui fuit, et se dissipe en légère vapeur.
D'une froide sueur sa figure est couverte;
Les cheveux hérisses et la bouche entr'ouverte
Il s'élance, il s'arrête, et dans l'ombre des nuits,
Pâle et muet d'horreur, dévore ses ennuis.

Le jour paraît enfin, et par la Renommée
L'effroyable nouvelle est bientôt confirmée;
Guillaume, dans le sein d'un compagnon discret,
Dépose, en gémissant, ses pleurs et son secret ;

« De la France, dit-il, aborde le rivage ;
Là, forgeant sur l'autel les fers de l'esclavage,
Un roi, bourreau du peuple, accable les humains,
Et d'un pieux carnage ensanglante ses mains.
Coligny massacré demande un peu de terre ;
Daigne remplir pour moi ce triste ministère !
Dérobe, s'il se peut, aux coups des ennemis,
Sa fille, ce trésor à ma garde commis ;
Paris n'est à ses yeux qu'un horrible repaire,
Habité par des rois teints du sang de son père.
Qu'elle vienne ; mon cœur, mes bras lui sont
    ouverts.
Oui, l'honneur, qu'on croirait banni de l'univers,
Réside sous le casque, et non sous la couronne,
Et des plis d'un drapeau se couvre et s'environne.
Peins au jeune Henri ma constante amitié ;
Je sais qu'il n'attend rien d'une vaine pitié ;
Henri n'est que plus grand, quand le sort l'humilie.
S'il n'a point oublié le serment qui me lie,
Qu'il parle ; il doit compter sur tout ce que je puis ;
Toujours des malheureux nous serons les appuis. »

Guillaume, ce vengeur qu'attend la Batavie,

A la mort échappé, court exposer sa vie ;
Il court livrer combat sur les plaines des eaux,
Et choisit pour remparts les flancs de ses vaisseaux.
Albe écumant de rage : « O Leyde ! tu l'emportes ;
Triomphe passager ! je franchirai tes portes.
Je veux, pour assouvir mes longs ressentiments,
Que ton faîte écroulé brise tes fondements. »
Il dit ; mais dans les airs sa voix s'est exhalée ;
Il fend, sur un esquif, la vague amoncelée,
Et, brandissant le fer dont son bras est armé,
Aux regards éblouis trace un disque enflammé.
Puis, colorant sa peur d'une feinte assurance,
Sur sa flotte, avec lui, ramène l'espérance.

S'il eut un cœur de fer le hardi nautonnier
Qui, détachant du bord son vaisseau prisonnier,
Osa sur l'Océan errer à l'aventure,
Et s'ouvrir un chemin fermé par la nature,
Qui donc porta la guerre, et la fit retentir
Sur des gouffres sans fond, tout prêts à l'engloutir ?

La mer se couvre au loin d'une forêt flottante ;
Au signal qu'a donné la trompette éclatante ;

Les rapides boulets, que le bronze a vomis,
Vont fracasser les mâts des vaisseaux ennemis,
Comme l'affreux autan, sur la plaine dorée,
Renverse la moisson vainement espérée.
Un nuage s'élève, et mille feux croisés
Jaillissent, réfléchis dans les flots embrasés ;
De pesants madriers couvrent les intervalles
Qui séparaient encor les deux flottes rivales.
Sur ces étroits chemins, que l'art a suspendus,
Mille coups à la fois sont portés et rendus ;
Dans ce choc effrayant tous les bras se raidissent,
Et les mâts fracassés sur les vagues bondissent,
Ainsi qu'au gré du vent voltigent dans les airs
Le feuillage des bois, le sable des déserts,
Ou les débris des fleurs qui parent la prairie.

Dirai-je d'un soldat l'aveugle barbarie ?
Sous les coups d'Alvarez il avait vu périr
Un malheureux ami, qu'il voulait secourir :
« Je te suis, mais ta mort, dit-il, sera vengée. »
Dans le sein d'Alvarez sa lance s'est plongée,
Et plus lâche bourreau qu'intrépide vainqueur,
De sa faible victime il demande le cœur,

Il le cherche, et sa main, de meurtre dégouttante,
Disperse les lambeaux d'une chair palpitante;
Tigre à figure humaine, il dévore en grondant
Ce cœur ensanglanté qui frémit sous sa dent,
Mais rejetant bientôt cette effroyable proie :
« C'est trop amer », dit-il, et, tressaillant de joie,
Dans les rangs ennemis il court en furieux,
Tombe, et bénit la mort en maudissant les cieux.

Le vaisseau, qu'en grondant dévore l'incendie,
Semble un bûcher lugubre; et la flamme hardie
Court, pétille, parvient à l'étroit arsenal,
Où dort emprisonné le salpêtre infernal;
Quel funèbre fracas ! quelles clartés funèbres !
Puis un silence affreux et d'affreuses ténèbres....
L'explosion disperse et les corps mutilés,
Les casques, les agrès, ou noircis ou brulés;
Et mille feux, pleuvant de la carène ardente,
Imitent les flocons d'une neige abondante.
Un rapide frisson sur la plage a couru,
L'abîme se referme.... et tout a disparu!....
Conquérants, qu'éblouit l'éclat d'une victoire,
Tournez les yeux!.... voilà ce que coûte la gloire.

Au sein des bâtiments, l'un par l'autre heurtés,
L'onde amère pénètre à flots précipités ;
La mort suit le guerrier qui s'échappe à la nage,
Et la plaine liquide est un champ de carnage.
Du canon foudroyant le boulet échappé,
Siffle, emporte la voile, et roule enveloppé ;
Plusieurs, du haut des mâts, sur les troupes guer-
      rières
Font pleuvoir, sans pitié, les balles meurtrières
Qu'on entend retentir, ainsi que les grêlons
Que sèment dans leur vol les fougueux aquilons.

Barnevelt et Saunoy volent à l'abordage,
S'élèvent, en grimpant, de cordage en cordage,
Frappent, donnent la mort, l'attendent sans terreur,
(Car l'éclat qui la suit en adoucit l'horreur.)
Leurs pieds mal affermis, et leurs mains palpitantes
Assiégent les degrés des échelles flottantes,
Et bientôt l'Espagnol, sur les hunes posté,
Dans l'abîme des mers roule précipité.
Le superbe Nassau, la tête échevelée,
Marche, comme un géant, au sein de la mêlée ;
Sa voix tonne, l'éclair resplendit dans ses yeux.

Il fait siffler son sabre, et d'un bras furieux
Immole Ménandez, dont la tête voltige
Comme un frêle pavot arraché de sa tige.
Son glaive foudroyant retombe à coups pressés,
Sur les rangs espagnols meurtris ou dispersés.
Tandis que son armure est à peine effleurée,
Il brise les pavois d'une main assurée.
Malheur aux ennemis, à ses regards offerts,
Si, tombant à ses pieds, ils n'implorent des fers.
Albe, qui fait vibrer sur sa tête puissante
De son casque ombragé l'aigrette éblouissante,
S'élance; (du courage invincible pouvoir!)
Pour frémir d'épouvante, il suffit de le voir
Multiplier son bras, brandir son cimeterre,
Et s'abreuver d'un sang qui l'enivre et l'altère.
Semblable à ce coursier, qui d'un profond torrent
Brise contre son sein le rapide courant,
Le superbe Espagnol, que la rage aiguillonne,
Repousse les soldats dont l'essaim tourbillonne.

Mais l'Océan grossi bout à flots écumeux;
Quelle horrible clarté sillonne l'air brumeux?
Environné d'éclairs, le Démon des orages

Roule son char tonnant vers ces tristes parages;
On dirait que la foudre entoure les vaisseaux,
Et que le ciel en feu s'écroule sur les eaux.
Sur le front des nochers la vague est suspendue;
Le tonnerre à grand bruit gronde dans l'étendue,
Et le lointain écho des vallons spacieux,
Par ses longs roulements semble répondre aux cieux.
On croit être à ce jour d'épouvante profonde
Où la mort s'asseoira sur les débris du monde,
Où Dieu, dans sa fureur, de ce vaste univers
Confondra, sans retour, les élémens divers.
Du vaste firmament la voute tremble, s'ouvre,
Tonne, et laisse échapper un rayon qui découvre
Les dards, les boucliers, les casques des héros,
Où brillent réfléchis les célestes carreaux.
Dès le milieu du jour l'affreuse nuit commence;
Guillaume, qui du ciel accuse l'inclémence,
Relève avec effort son regard abattu :
« Divine Liberté! m'abandonnerais-tu? »
Ces vœux sont exaucés; la vierge tutélaire,
Le front ceint de splendeur, le dirige et l'éclaire;
Tel luit à l'orient un astre matinal;
Tel, sur les flots émus, luit un brillant fanal.

Quand le noir ouragan refoulé vers le pôle
Eut laissé voir à nu la céleste coupole,
Quand, de la nuit obscure écartant le rideau,
Le soleil vint frapper un vaste miroir d'eau,
Hélas ! des Espagnols la flotte épouvantée
Fuyait à l'horizon, par les vents emportée !
Des débris de vos fers accablez l'étranger ;
Belges, vous le verrez, ardent à se venger,
Des remparts de Madrid vous rapporter des chaînes ;
Mais vainqueurs, assurez vos victoires prochaines.
A l'ombre de leurs lois grandis, ô Liberté,
Fruit de tant de travaux avec peine enfanté ;
Ils ne redoutent plus de nouvelles alarmes,
Le sang des ennemis a retrempé leurs armes ;
L'Eternel les défend ; qu'en ce jour solennel
Leur encens et leurs vœux montent vers l'Eternel !

Le ciel, dans les enfers, plonge la Tyrannie ;
Et, glissant sans effort sur la mer aplanie,
Aux lieux qu'ils ont quittés, volontaires proscrits,
Les Belges triomphants revolent à grands cris.
D'autres, sur des esquifs, sillonnent l'onde amère,
Et, comme un fils tressaille en revoyant sa mère,

Sur la rive, long-temps témoin de leurs douleurs,
Ils collent des baisers, et répandent des pleurs.

Dans les murs foudroyés Guillaume enfin pénètre,
Et ses yeux attendris ont peine à reconnaître
Ce cadavre debout d'une immense cité,
Ces débris menaçants, ce cercueil habité.
Il craint, en les foulant, de profaner ces pierres,
Des larmes de pitié pèsent sur ses paupières ;
Puis regardant le ciel, et d'un air inspiré :
« Notre triomphe, amis, est enfin assuré.
La Liberté nous guide, et sur ce territoire
Nous n'avons qu'à marcher de victoire en victoire.
Vétérans de l'honneur, blanchis dans les périls,
Vous soldats, citoyens, femmes aux cœurs virils,
Seuls, mais fermes appuis d'une ville affamée,
Et vous, jeunes guerriers, nourrissons de l'armée,
Dont la valeur précoce a devancé le temps,
Ecoutez-moi!... je touche à mes derniers instants!...»
L'épouvante, à ces mots, se peint sur les visages :
« Mais que redoutez-vous, hommes libres et sages?
J'ai de la République assis les fondements ;
La mort brise sa faux sur de tels monuments ;

Si Dieu garde mes jours... (mais en vain je l'espère)
Je vous lègue mon fils ; c'est vous léguer un père.
Pour moi, j'attends les coups d'un tyran soup-
        çonneux.
Ce flexible serpent m'entoure de ses nœuds,
Et de ses noirs poisons croit souiller ma mémoire ;
Je le sais, un héros doit expier sa gloire,
Et d'un noble travail le seul et digne prix
C'est d'être malheureux pour l'avoir entrepris.
Si, pour mieux assouvir ses fureurs vengeresses,
Philippe les cachait sous de feintes caresses ;
Vaincu, si par la ruse il croyait triompher,
Et vous tendait les bras pour mieux vous étouffer !
S'il osait d'un traité m'offrir l'ignominie...
Non, ne transigeons point avec la Tyrannie ;
Rejetons le despote et même ses présents ;
Les jougs parés de fleurs en sont-ils moins pesants ?
Foulant le front d'un roi, que l'esclavage encense,
Aimons la Liberté, mais craignons la Licence.
On a vu, des tyrans rappelant les noirceurs,
Les peuples opprimés et bientôt oppresseurs,
Avec le fer des lois égorger leurs victimes.
Vous ne franchirez point les bornes légitimes,

Non, généreux amis, vous n'avez combattu
Que pour la Liberté, l'Honneur et la Vertu. »

Comme une seule voix, ces cris se font entendre :
« Vengeur de ton pays, quel autre doit prétendre
A diriger les pas, encor mal assurés,
D'un peuple, las des fers qu'il a trop endurés?
Ce peuple renaissant veut, dès sa mâle enfance,
En défendant ses droits, embrasser ta défense.
Un tyran te menace! ah! n'en redoute rien,
Il percera nos cœurs, pour arriver au tien. »

On se tait; un héros tout couvert de poussière
S'avance; de son casque il dresse la visière,
Il se montre; Guillaume en tremblant a souri :
« C'est toi, jeune Bourbon! c'est toi, brave Henri !
Où trouver un témoin plus cher et plus illustre?
Ta présence à ma gloire ajoute un nouveau lustre. »
Henri, levant au ciel un regard douloureux :
« Je retrouve un ami!... je suis moins malheureux !
Cher Coligny, du haut de la voute étoilée,
En voyant mes regrets, ton ombre est consolée;
Demande au Dieu, qui tient les rênes des états,

Et décide à son gré du sort des potentats,
Que les mortels unis ne soient qu'une famille,
Qu'il protège Guillaume, et veille sur la fille. »

A peine il achevait, qu'une jeune Beauté
Qui joint à la douceur un air de majesté,
(C'est du Grand-Amiral la fille infortunée)
De son cortège en deuil s'approche environnée :
« Modèle des guerriers, dit-elle en rougissant,
Loin des murs que mon père a baignés de son sang,
Loin d'un royal bourreau, d'une cour inhumaine,
L'espoir d'un sort meilleur à vos pieds nous amène. »
Son œil, humide encor, se soulève à demi ;
Guillaume reconnaît les traits de son ami :
« Vivez auprès de nous ; sur la terre étrangère
L'infortune, dit-il, vous sera plus légère.
Et si, pour couronner mes glorieux travaux,
Vous veillez avec moi sur ces peuples nouveaux,
Les Belges béniront notre auguste alliance ;
Souffrez qu'à la beauté s'unisse la vaillance. »

La vierge à peine hésite ; une amoureuse ardeur
S'allume dans son ame, et trouble sa pudeur ;

Vainement à Guillaume elle cache sa flamme ;
Guillaume d'un coup-d'œil pénètre dans son ame ;
Le héros, au milieu des Belges triomphants,
Semble un père entouré de ses nombreux enfants.

Peuple, la Liberté te prend sous sa tutelle
Et couronne ton front d'une palme immortelle ;
Tes tyrans, éblouis de leur vaine splendeur,
Succombent ; sur leur chûte élève ta grandeur ;
Foulant la Tyrannie à tes pieds enchaînée,
Donne un sublime exemple à la terre étonnée,
Et pliant ton orgueil sous de justes pouvoirs,
En maintenant tes droits, respecte tes devoirs.

FIN.

LILLE : IMPRIMERIE DE BRONNER-BAUWENS.

INV

Ye

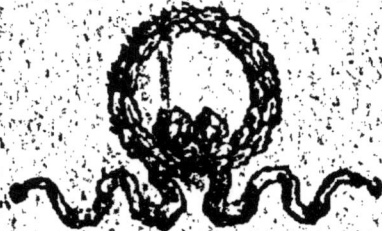

www.ingramcontent.com/pod-product-compliance
Lightning Source LLC
Chambersburg PA
CBHW050114210326
41519CB00015BA/3955